高根文雄　高根澄子
Fumio Takane and Sumiko Takane

いのちのちから

マリア・モンテッソーリが
ほんとうに伝えたかったこと

ゆいぽおと

いのちのちから

マリア・モンテッソーリがほんとうに伝えたかったこと

高根文雄
高根澄子

はじめに―3つの奇跡―

人間には自分の子どもを通じて人間の特徴に向き合うという素晴らしい時間が与えられています。だいじなときに大人がしっかり援助をすれば「子どもは自分で自分をつくっていきます」。私はこれまでの半世紀以上を幼児・児童教育に捧げてまいりましたが、これは私が子どもたちから学んだ「真理」です。すべては子どもたちが教えてくれました。人生をかけて「答え」をいただきましたことに感謝し、この本ではマリア・モンテッソーリの理論と子どもたちから学んだ、私なりの実践を紹介していきます。

＊＊＊

私自身、初めて我が子を抱いたとき、小さくて可愛い指の爪に感動しました。いまでも覚えているのは、小さな手がしっかりと握りしめられていたこと。その姿に魅了されてしまいました。

体はまだ小さく頼りないのに、こんなに力強く握りしめられるなんて！　その感動のあまり、しだいに「子どもの本質とは何か？」を観察したいという衝動に駆られるようになりました。そこで当時東京・西荻窪にあった自宅を開放し、小さな託児所を開きました。

我が子と同じ月齢の近所の子どもを預かり、毎日夢中で観察しました。「子どもって何だろう？」この原動力が私を突き動かしていたのです。なにしろ自分の探求心が先立ち、経済面のことはあまり考えず始めました。働くお母さんが急に増えた時代でもあり、お預かりする子どもがみるみるうちに増え、ついには行きづまり、経済的に大変苦しい日々が続いていました。そんなある日のことです。

東京都町田市から「保育園を開園しませんか？」と、お誘いがあったのです。経済的に余裕がないため、お断りしたところ、公団の土地を無償でお借りすることができ、建物は国と東京都と町田市から援助を受けることができました。

無一文同然の私たちでしたが、そのようにして１９６９年に「たかね保育園」を設立することができました。これはひとつめの奇跡でした。

２つめの奇跡は、モンテッソーリ教育と出会ったことです。最初は髙根文雄が米国コロンビア大学留学帰国後、入学した上智大学社会福祉専門学校でモンテッソーリ教育と出会い、生涯の道をここに定める決心をし、私にも学ぶことを強く勧めました。

その後、私自身も子どもの研究を重ねるため、上智大学へ通い始めました。私が42歳のときです。すぐに、なるほど「生涯をかけるに値するほんものの教育法だ」と思いました。ちょうど第二たかね保育園を始めた頃のことでした。

「モンテッソーリ法なる特別なものはありません。ただあるのは子どもの観察です」という言葉に勇気づけられました。私はそのとき、すでに47歳になっていましたが「何かを学ぶのに遅いことはない」という信念があり、学ぶなら徹底的に基礎から学びたいと、その後は国内のみならず、イタリア、オランダへと本物のモンテッソーリ教育を求めて勉強に行きました。

偉大なマリア・モンテッソーリ女史はすでにご逝去されていましたが、幸運なことに、彼女の愛弟子として活躍されたイタリアのアントニエッタ・パオリーニ先生、アメリカのマーゴ・R．ワルタック先生をはじめ、諸先生に巡り会い、育てていただけたことは大変ありがたいことだと思い出されます。

アントニエッタ・パオリーニ先生のご意志に拠り、神奈川県横浜の青葉区に「モンテッソーリ教育研究所・付属子どもの家」を設立しました。すると、「ここを拠点に日本でも本物のモンテッソーリ教育を広めなければ」とサラ・コンカス先生、ピッタ・ビーニ先生、シルバーナ・Q．モンタナーロ先生、パトリシア・ウォルナー先生らがＡＭＩ講師として来日してくださり、素晴らしい講義をしてくださいました。私どもも、それこそ食い入るように学び直しました。

シルバーナ・Q．モンタナーロ先生の講義録を『いのちのひみつ』（ＫＴＣ中央出版　２００３年）

として日本で出版できたのは、このご縁の賜物でした。

「子どもこそ、偉大な教師である」とモンテッソーリも述べていますが、私自身も子どもたちから数えきれないほど多くの宝物をいただきました。

3つめの奇跡は、わが学園の前身である「モンテッソーリ教育研究所・付属子どもの家」を巣立つ卒園生からもたらされました。ある卒園生のご父兄の方から「ここを巣立つ子どもたちは、きっと将来社会のために活躍していくことでしょう。わが子のここまでの成長に感謝を込めて、ぜひ、寄付をさせてください」とお申し出があり、2000年に横浜・モンテッソーリ幼稚園が完成いたしました。

光栄なことに、この幼稚園の竣工式にはマリア・モンテッソーリの孫である、レニルダ・モンテッソーリ氏も出席してくださいました。

その8年後にはこの幼稚園を卒園するご父兄から「モンテッソーリ小学校をつくってほしい」と懇願され、日本では初めての「モンテッソーリ小学校」をフリースクールとして立ちあげました。第1期生はすでに立派な社会人として国内外で活躍しています。いずれの子どもたちも小学校を卒業する際には、すでに自分の特性を知り、将来の方向性を見定め、自ら進路を決めていきました。この子どもたちが将来の日本、いや世界の宝となる日が来ることを夢見て、現在はこのモンテッソーリ小学校を日本初の認可小学校にすべく日々、奔走しております。

88歳を迎えていまなお、子どもたちが日々成長する姿を毎日見守ることができていることも、ひとつの奇跡といえるかもしれません。本書は子どもたちが私に見せてくれた、奇跡の軌跡にほかなりません。

子どもたちのために。使命感がつないだ世界の扉　　　高根文雄

マリア・モンテッソーリの直弟子であったアントニエッタ・パオリーニ女史、マーゴ・R．ワルタック女史。『いのちのひみつ』の著者でもある、シルバーナ・Q．モンタナーロ女史、そしてマリア・モンテッソーリのご子息、マリオ・モン

Column ①

テッソーリ氏。

いずれもモンテッソーリ協会の重鎮と呼ばれる方々ですが、初めて会ったときから、昔からよく知っているような、懐かしい感じがして初めてという気がしませんでした。

8人兄弟で育ったせいか、最初から「弟」という気分で、しばらくぶりにお兄さんやお姉さんに会ったような気持ちがしたものでした。いわば、国境を感じさせない心の交流でした。

それは私たちが、「子どもたちのために」、この使命感で結ばれていたことも大きかったでしょう。

とはいうものの、横浜・モンテッソーリ幼稚園の前身となる、町田の保育園に、初めてマーゴ夫妻が訪問されたときは、正直、ちょっと怖かったですね（笑）。

「How many children ?」（子どもは何人？）

「How many classes?」（クラスはいくつ？）

「How many teachers?」（先生は何人？）

……という具合に、まるで検査官（Inspector）のような質問が続いたからです。

ほどなく、「子どもたちを見に行きましょう」と、教室へ誘導する僕を見たマーゴ女史がこう言いました。

「You Walk very nice!」（歩き方がとっても上手！）

意外にもこんなふうにほめられて、こちらの緊張がほどけたこともあり、それ以降の質問が、だいぶやわらかくなったことを覚えています。「これでよかったんだ」と安心して、気が楽になったのかもしれません。そこからは和やかな会話が続きました。

そのおかげで、後日「モンテッソーリ」の冠を幼稚園の名称につけてもいいですよ、というお墨付きのお手紙が届き、現在に至ります。

「You Walk very nice!」

何気ない一言ですが、実はこれは「全部見ていたのだな」ということ。歩き方の所作だけでなく、ガイドをする間、手振り、身振り、話し方。頭のてっぺんから足の先に至るまで、全部です。

「これはすごいな。裸を見られているみたいだ」と思ったくらいです。

戦争が終わって「これからは英語を勉強しなくては」と、ＮＨＫのラジオ講座で英語を独学していたことも、合格へと導いてくれた大きなポイントだったかもしれません。

それでもやはり、「子どもたちのために」という使命感が遙かに上回っていました。それが伝わったのでしょうか。以後、彼らは何度もこの横浜・モンテッソーリ幼稚園を訪ねてくださいました。

私たちの交流はいつも、言葉や国境を越えた「兄弟・姉妹」のように温かいものでした。

恩師である、アントニエッタ・パオリーニ先生
右手にピンクタワーのいちばん小さい立方体を持ち、「これが最もたいせつです」

シルバーナ・Q. モンタナーロ先生
「墨をすり、心を鎮め、精神を統一する。書道はモンテッソーリ教育の精神そのものだ」と、当園に滞在中、よく書道を愉しんでおられました

もくじ

いのちのちから　マリア・モンテッソーリがほんとうに伝えたかったこと

序章

マリア・モンテッソーリがめざしたこと

―すべては子どもたちが教えてくれる―

この章ではモンテッソーリ教育の創始者である、マリア・モンテッソーリ（Maria Montessori 1870～1952）自身とモンテッソーリがめざしたことを紹介していきます。

何よりもまず、お伝えしたいことは、「モンテッソーリ教育は、科学的な教育である」ということです。子ども自身から発せられる現象を、客観的に観察し、観察によって見出された「事実」を基礎とした教育であり、この点ですべての教育法と異なります。


子どもの生命には、生まれながらに、自分で自分をつくっていく力が、そなわっています。「神秘的な能力と知恵をそなえた」その力は、子ども自身の身体のすべて、器官のすべてを自ら建設していきます。子どもの発達は自然の法則に導かれた「いのちのひみつ」によって成し遂げられます。いのちにそなわった力には、それぞれ段階があり、しかもすべてに起きるべくして起こるタイミングがあるという「事実」を、モンテッソーリは発見したのです。

これがいわゆる現在、「モンテッソーリ・メソッド」とよばれる考え方の土台となります。

序章ではまず、モンテッソーリが発見した「事実」の概要を紹介していきますが、そのような観点を持つに至った「きっかけ」も見逃せません。

一見、偶然のように思われる「きっかけ」ですが、注意深く見ていくと、いずれも、その後のモンテッソーリ教育の根幹を築くこととなる、たいせつな種であったことに気づくことでしょう。

「医者になるべき」ことは、私自身が知っている

モンテッソーリは1870年、イタリア中部、マルケ州のアンコーナ県、キアラヴァレで生まれました。彼女の両親は、教育に対して強い関心をもっており、ひとりっ子である彼女の教育に多くの配慮を払いました。幼少のころの彼女は数学に対して強い興味を示し、いずれは数学の才能を活かした仕事に就こうと考えていたようです。

そんなある日のことです。病気の子どもを目にしたマリア・モンテッソーリは、「この子を助けたい。助けるために、私は医者になりたい」と強く願ったといいます。

やがて彼女は、ヨーロッパ屈指の歴史と伝統をもつ名門、ローマ大学で医学を専攻することを志します。しかし、当時のイタリアは女性差別の強く残る国であったため、女性が医学部の入学試験を受けることさえ許されていませんでした。

現在の私たちの想像を上回る周囲の反対があったことでしょう。父親さえ、彼女の進学に強く反対したといいます。しかし、マリア・モンテッソーリには「私は医者になるべきだ。そのことを私自身が知っている」という信念があり、ついに、モンテッソーリはロー

マ法王に直談判をしに行ったほどでした。その取り計らいでようやく進学することが許されたのです。

信念を貫き、医学部への入学を許されることになりました。晴れて医学の道へ進んだものの、男子学生にまじっての研究は困難が多かったようです。

とりわけ、痛ましい語り草になっているのが、遺体解剖の実習のエピソードです。男女が同じ部屋で解剖をすることが許されていなかったため、昼間男子学生が解剖したあと、いったん縫合した遺体を、夜間、たったひとりで火灯りのもと、解剖したといいます。

腐敗臭とホルマリンの匂いが酷くて、はじめは煙草を吸う人を雇ってその煙で臭いを消し、解剖に集中しようと考えたようです。しかし、それでも臭いに耐えられず、しまいには自ら喫煙しながら解剖した日もあったようです。逆境を乗り越えようと努力しながらも、あまりにつらく、医学の勉強を続けるのを断念しようと考えた日さえあったのです。

挫折感に打ちのめされていた、そんなある日のこと。モンテッソーリは、大学からの帰路の途中で、子どもを連れた女性の物乞いに出会います。この母親が哀れなようすで物乞いをしている最中、モンテッソーリのまなざしは一緒にいた幼い女の子の姿に釘づけになります。女の子は、手にした紙切れをいじることに深く集中していました。きょう食べるものさえままならない貧困のなか、母親が物乞いをしているようすとはまったく無関係に、手を動かすことに夢中になっている。その女の子の表情には恍惚《こうこつ》とした輝きさえありました。その姿を見たとき、モンテッソーリは「ハッ」としたのです。

そして、きびすを返し、大学へ戻りました。医学を捨てることなど、二度と考えまいと彼女が決意した瞬間でした。

子どもが手を使うことに深く集中する。

この姿を目撃して、彼女は「ハッ」とした。このときの経験が今日の「モンテッソーリ教育」の要《かなめ》へとつながっていきます。

モンテッソーリ教育の誕生秘話

モンテッソーリは1896年に、イタリアで医学博士号を取得。極めて数少ない女性のうちのひとりでした。卒業後も女性というだけで働く場所もなかなか見つかりません。ようやくローマ大学付属の精神疾患病棟に助手の職を得るのですが、奇しくもそのことが「モンテッソーリ教育」の誕生を促す転機となります。

当時、精神疾患病棟の患者たちは、およそ「医学」からは、かけ離れた状況に置かれていました。四六時中、鉄格子に囲まれた暗い部屋に監禁され、治療らしいことは行われていません。ここに「知恵遅れ」の子どもたちがいっしょに入れられていたのです。

劣悪な環境にあったのは、精神病院のなかだけではありませんでした。この時代は、ほとんどが文盲でした。子育てのしかたがわからない両親のもと、子どもたちは、教育はおろか、ほとんど放任状態にありました。無教育な親によってつくられた、壊れた子どもたちの多くは攻撃的で、忍耐力に欠け、しかも、乱暴でした。

そうした子どもたちと過ごす日々のなか、モンテッソーリは子どもたちのことを知るために、まず、医師としての考え方で、子どもたちを観察することから始めました。

ある日のこと、ひとりの男の子が床に落ちたパン屑を小さな指でつまんでは根気強く拾い続けている姿を、モンテッソーリは目撃します。

物乞いの母親と一緒にいた少女が、夢中になって紙切れを手でいじっていた、かつての記憶と重なったのでしょうか。その姿を見て、彼女は「子どもは手を使いたがっている」と直感したのです。そこで彼女は、障害をもつ幼児に対し、指先を動かし、感覚を刺激することを思いつきます。その治験のあと、驚くべきことが起りました。

手を動かす作業を繰り返し行ううちに、それまで、大人からどのような敬意も払われなかった子どもたちに、明らかな変化があったのです。

なかには小学校に入学したときに、健常児よりも、よい成績を収める子どもが出てきたほどです。その結果、「障害児に、知的な進歩はない」と考えられてきたことが誤りであること、と同時に従来の学校教育が健常児の可能性を十分に発達させていないことにモンテッソーリは気づきます。

「この子どもたちの問題は医学的な問題ではなく、教育の問題だ」と考えたモンテッソーリは、この確信をさらに明確なものにするために、1898年頃、ジャン・イタール（1774～1838）とエドワル・セガン（1812～1880）がいたフランスの研究所を訪ねて学んでいます。ふたりは精神医学と障害児のための教育的実験に自らの生涯をかけて努力をした人物です。セガンはイタールの死後、彼の理念と仕事を受け継ぎますが、その時点で40年以上の歳月が費やされていました。

ここで注目すべきことがあります。セガンは医学的なケアによって単に身体的な健常性の獲得をめざしたばかりではなく、人間としての精神的な生命の力に視点を当てていたということです。モンテッソーリはセガンの著書に学びました。

セガンが説く教えを一日でも早く受肉化したかったモンテッソーリは、その膨大な著書を片端からイタリア語に翻訳し、自分の手で書いて写しとっていきます。その当時、コピー機などありませんでしたから仕方がないとはいえ、驚くべき執念です。と同時に、このとき、「自分の手で書いた」というこの体験が、のちの「感覚教具」を用いる教育法の発見につながっていることも見逃せません。

ここには精神遅滞児の感覚を刺激し、発達を促すためのたくさんの教具がありました。しかし、そのなかには残念ながら子どもが全く興味を示さず、使われないままの教具も少なくありませんでした。モンテッソーリは子どもたちがイタールやセガンの教具を使わないことを知り、それは「使い方」が問題なのではないかと、考え始めたのです。教具自体は精神的なものであるのに、それを使う教師次第で子どもの注意力を十分に引き出せない。必要なのは子どもの生命の原動力である魂の内部でうとうとしている人間を呼び覚ますこと、子どもを目覚めさせる呼びかけの声を有した教具にすることであり、単に外面的な刺激だけではたとえ教具が完全なものであっても興味をもたれないで見過ごされてしまう。その事実をモンテッソーリは子どもたちから身をもって学んだのです。そこで彼女は教具を持ち帰り、さらに10年の歳月をかけ、改良して使えるようにしました。

とりわけ、数学が得意だった彼女は感覚教具にも数の概念を取り入れ、数の教具に十進法を導入するなど、独創的な改良を試みました。これがモンテッソーリ・メソッドと呼ばれる、今日の「感覚教具」のひとつである「数の教具」となっていくのです。現在、世界中で用いられているモンテッソーリの「感覚教具」は、こうした彼らの50年以上の研究の賜物といえるでしょう。

当時の教育の問題を何とか解決したいと願ったモンテッソーリはこうした研究だけでは飽き足らず、1900年、ローマ大学に再入学し、哲学科に籍を置きながら、心理学や教育学、精神医学の研究も行いました。

世界で初めて誕生した「子どもの家」

1907年、そんな彼女に転機が訪れます。ローマの貧民街、サン・ロレンツォ地区の労働者のための住宅が改築されることになり、この一連の破壊作業から身を守るため、6歳以下の子どもたちは大人の監視のもと生活することを強いられました。マリア・モンテッソーリはこの施設の長に任命され、そこに「子どもの家」を開き、ついに、健常児と関わる機会に恵まれたのです。

彼女はまず、子どもの身長、頭や鼻、耳のサイズを測り、身体的な発達のレベルを確かめました。同時に子どもの個人の成育歴の記録や病気歴、さらに家族の歴史を洗い出し、親の社会的、経済的状態も記録していきました。いまでも残っている膨大な記録から伝わってくるのは、ビネーの知能テストをはじめ、いずれの実験心理学のテストもモンテッソーリを満足させるものではなかったということです。どんな記録も「子どもの心理についての考えを何ひとつ提供してはくれない」、そう感じていたのかもしれません。

こうした記録は子どものそのときの発達のレベルを示してはくれますが、その先どのようにすればよいかはわからない。これらには何か、決定的に必須のものが欠けている、彼女はそう直感していたのです。

かつての障害児の観察から感じていた、「子ども一人ひとりの内部にまどろんでいるエネルギー」を活用できないかと考え始めたのです。その時代の教育学では十分ではない、何か基本的な「科学的原理」があるはずだ、この信念がモンテッソーリを突き動かしていました。そして、深い観察と洞察力によってモンテッソーリは、幼い子どもにだけ内在する、ある驚くべき力の発露を発見したのです。

生まれてわずか数年の間のみ、子どもたちだけが持つことを許される爆発的で大きな能力があること、さらに、その能力は時がたつと失われてしまうこと。これが、後のいろいろな「敏感期」の発見につながります。

子どもの生命が持つ、エネルギッシュで神秘的な力。この力こそ、子どもの身体と精神、人格を自ら形成する源となるものです。子どもたちがこの生命本来の力を伸び伸びと発展させられるよう、私たちは見守らなければなりません。

今日、「モンテッソーリ・メソッド」と呼ばれる科学的教育がめざしていることは、大人が考えたカリキュラムを教え込む教育ではなく、子ども自ら成長するという生命本来の法則に従った、子どもの精神そのものを「援助する」ことなのです。

Column ②

人類が未だ掘り起こせていない宝物とは？

高根文雄

地球が誕生してから長い時間が流れ、ついに人間が生まれました。それから人間の文明は驚異的なスピードで発展を辿り、道具の使用から石器、鉄器時代をむかえ、産業革命によって大きく様変わりしました。それから原子力時代である現代への数百年、今日の狂気のような発展ぶりは、素晴らしい住居に住まわせていただいている私たちの家主、宇宙船地球号の怒りを買っています。許可もなくあらゆる埋蔵物を掘り起こして勝手に売買し、富を築いている訳です。金銀財宝は地下数千メートルまで掘りつくし、それ以上深く掘れば道具の方が焼けただれて使えない所まで届いているのです。家主もあきれて物もいえないといったところでしょう。それに加え、借りている土地を勝手に侵略して自分のものとしたり、他人に向けて爆弾をぶち込んでみたり、隣国同士で喧嘩をしたりしている現状は、まことに浅ましい限りです。

そのなかで唯一、宝を掘り忘れたものがあります。それは子どもの心であり、「いのちのひみつ」であるとモンテッソーリは語っています。

今日、そのひみつがようやく、人々に関心を持たれるようになってきました。私たちのいちばん興味深いことは、生まれてから6歳、さらにいえば生まれてから3歳までの人間の成長の姿です。「三つ子の魂、百まで」という格言は、まさにこの3年間の成長が、将来の人間形成に大きく影響を与えることを言い得たものです。すなわち、人間は女性の胎内に精子が着床してから数えて3年間がとても大切なのです。

次に重要なのは出生後の激しい成長です。子どもは進化の道を辿ります。

個体の発生は、系統発生を繰り返して成長していくのです。

我々は出生までの約280日間で、数億年の動物の進化の過程（魚類から哺乳類まで）を、母親の胎内の中で経験しています。そして誕生後は、肺呼吸を獲得、両生類（寝返り）、爬虫類（ハイハイ）と姿を変え、1年くらいで人類へと進化していくのです。

Column ③

モンテッソーリ教育の始まり

高根文雄

今から100年前、近代国家の大半は都市に生まれたスラム地区に悩まされていました。それはイタリアでも同様であり、ローマの終着駅から歩いて15分ほどにあるサン・ロレンツォ地区は社会問題としてローマ市の悩みの種でした。しかしこの地区から、まるで泥沼から清らかに咲き誇る蓮の花の如く、20世紀、果ては将来の人類の危機を救う教育法の花が出現したのです。それは1907年1月6日のことでした。

この地区の居住者の目に余る不衛生状態と不道徳の数々に対策を打つため、ローマ市の住宅協会が近代的なアパートを造り、居住者を住まわせることにしたのです。そこで、居住者の子どもたちも併せて保護するべく、その場所と管理する人間が必要となりました。協会はその仕事を若き医者であるマリア・モンテッソーリに委任することに決め、モンテッソーリもこれを受け入れます。

このことが、モンテッソーリが人類で初めて、科学的に証明された教育法を発明する大きな契機となるのでした。

モンテッソーリの教育を受けた子どもたちには、奇跡のような出来事が次々とあらわれました。そしてそれは次第に、波のうねりのように世界に広がっていったのです。科学者の目と愛の目が混然一体となった結果の数々の発見でした。新しい子どもの発見です。

その発見に大きく貢献したのが、彼女の直感力溢れる観察であります。

モンテッソーリの愛弟子であるパオリーニ女史は私の恩師であり、「日本にモンテッソーリ研究所を作りなさい」といってくれた方ですが、彼女は「Lookは誰でもできる、Seeが大切だ」と我々に教えてくれました。これは鋭い観察力を身につけなさい、というモンテッソーリ教育にとって重要なことを示してくれているのです。

第1章　生命の援助への手引き

子どもの生命には、自分で自分をつくっていく力が、そなわっている

モンテッソーリ教育は、従来の教育法とは大きく異なります。大人がつくったカリキュラムを子どもに与える教育法ではありません。一人ひとりの子どもの生命自体が持っている力を援助する教育です。つまり、子ども自身から能動的に展開されるものであり、大人が与える教育ではありません。子ども自身に内在する発達のプログラムに沿って、自然に成長できるよう援助することが大人の役割であり、生命の援助をする教育です。子どもには、成長のリズムがあり、一人ひとりの発達には細かいプログラムがしくまれています。生命は、受精の瞬間から胎内で、定められた順番でつくられていくことを思えば、生命そのものに、いのちがたどる順番と、生命のリズムがしくまれていることが理解できます。

実はモンテッソーリが説く「生命への援助」とは、オギャーと子どもが誕生する以前からスタートしているのです。受胎から始まる妊娠期間は、まさに人生の第1章。驚くべきことに、受精からさっそく、いのちへの援助は始まっているのです。

モンテッソーリは著書『創造する子供』のなかで、いのちの誕生を明らかにして記しています。

「大自然は子供に特別の保護を与えています。子供は愛から生まれます。愛が子供の大

もとです。生まれたとたんに子供は父母のいたわりに取り巻かれます。ですから子供は不和反目の中から生まれて来るのではありません。これが自然の与える第一の保護です。大自然は両親に対して子供への愛情を吹き込みます[*1]」

そうです。子どもは愛の中から生まれるのです！

―妊娠から出産まで

妊娠期間中、3つの時期があります

① 受精から15日目までを受精卵期

② 胎生3週間から妊娠3か月までを胚子期

③ 妊娠3か月末から9か月末までを胎児期

受精卵期

一つの受精卵から分裂が進み、細胞同士が融合し、それは球の形になります。この桑実胚は、やがてふかふかに準備された子宮内膜へ着床します。実はこの着床もなかなかハードルが高いのです。受精から着床までのステップのどこかで止まってしまう胚も存在するからです。無事に子宮内膜にしっかりと着床した場合、晴れて妊娠が成立します。着床開始後、10日前後で妊娠の反応が出ますが、ママはまだ、この尊い奇跡に気づいていません。

胚子期

やがて何百を超える細胞となるまで分裂が繰り返されると、それらの細胞は桑実胚といわれる中が空っぽの球形となります。伸縮性のあるゴムボールのようなものだとお考えください。その表面が曲がってU字型の壁をつくり、最後にさらにもうひとつの層が二つの層の間に形成されます。しだいに異なる3つの層になって並びます。それぞれ、外胚葉（外側）、中胚葉（中間層）、内胚葉（内側）と呼ばれ、この3つの胚葉が決められたスケジュール通りにつくり上げられていきます。さまざまな器官をつくり出していきます。3つの胚葉はいってみれば、身体の組織の素《もと》です。

・外胚葉は外界と関係を持たせてくれるものです。人間と外界を結ぶ役割を持っています。外胚葉からできる器官は皮膚、髪の毛、爪、神経系統、感覚器官です。

・中胚葉は皮膚の下にある器官を形成します。筋肉や骨、血液・骨髄、リンパ腺組織、肝臓、尿管などがそれにあたります。

・内胚葉は内臓器官をつかさどります。咽頭、扁桃腺、甲状腺、気管、肺、それから腸

桑実胚から外胚葉、中胚葉、内胚葉へ

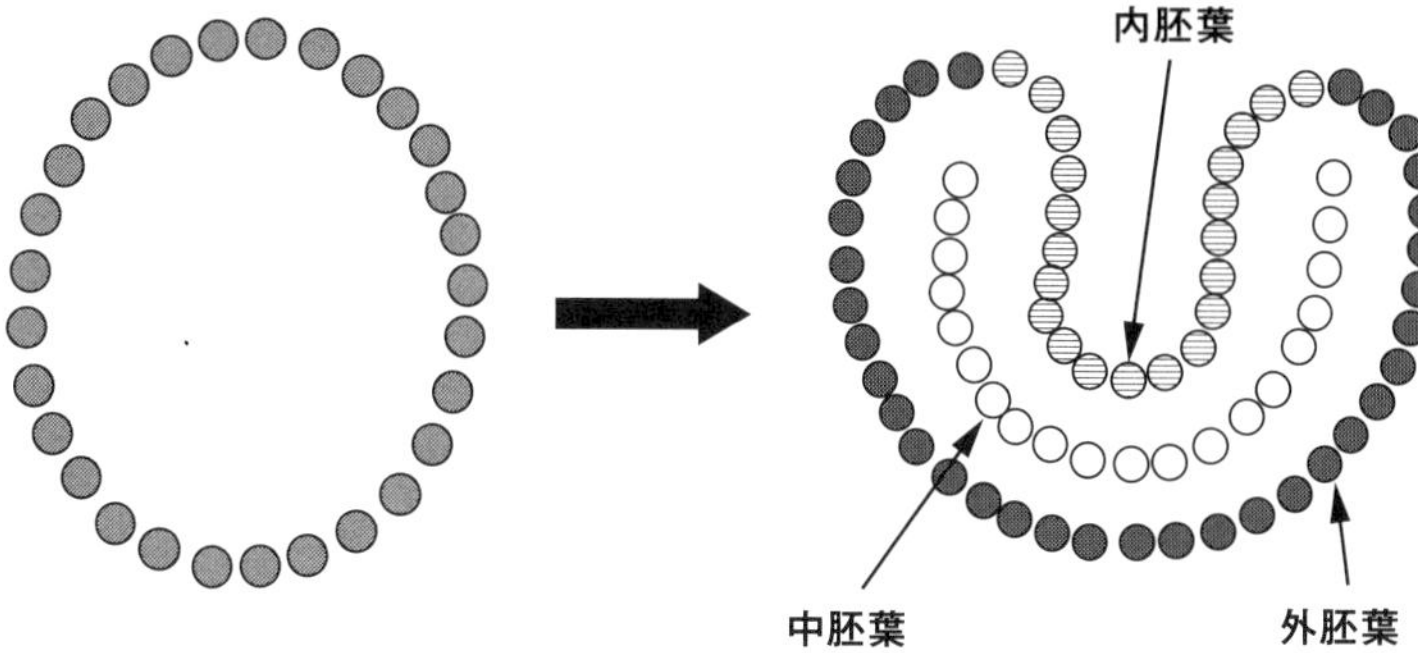

や胃などの消化器官、膀胱、尿道などを形成します。栄養摂取や消化に関するものです。

この間はまだお母さん自身が妊娠に気づかずにいるころです。飲酒、喫煙、薬物の服用などの悪影響を受け、胎内の赤ちゃんのだいじな器官が損なわれたり、場合によっては障害が生じたりすることもあるといわれています。赤ちゃんがだいじな器官をきちんとつくることができるように、健やかな環境づくりに配慮すること、これが「いのちへの援助」として、たいせつなのです。

モンテッソーリはその著書のなかで、医師としての持ち前の観察眼で、胚子期の間に人の身体の諸器官が創造されていくプロセスを生き生きと記しています。3つの胚葉のどこに優勢性が現れるか。それは子どもの3つの体質的類型となって現れます。その特徴を決定するものが着床時のタイミングやコンディションによるものか、遺伝子の優位性のなせるわざなのか、いまのところ定かではありませんが、この3つの体質的類型はその子の人格の傾向性を知る手掛かりとなることは見逃せません。同じ親から生まれたのに、兄弟で全く性質が違う、ということはよく聞きますが、妊娠してからたった3か月の間にその子の身体組織だけでなく、精神にもかかわる、いのちの素ができてしまうことに驚かずにいられません。

妊娠中にも育まれる、母子の絆

モンテッソーリが「生命の誕生」というとき、オギャーと赤ちゃんが生まれる出産をさすのではないとすれば、いのちはいったいどこから始まるのでしょうか。何と、人間の素《もと》である、受精卵、10ミリにも満たない細胞までさかのぼります。人間という生命体としての記憶が受精と同時に始まっているということは驚きです。

では、生命は誕生した瞬間から止まることなく動き続けるならば人間の素はどのように活動し、発達していくのでしょうか。子どもが最初に出会う「環境」といえば、お母さんのお腹の中です。

羊水の中で感覚器官が働き始めます。妊娠から7、8週目になると皮膚感覚が生まれます。これが赤ちゃんにとって、たいせつな情報源となります。胎内で羊水に囲まれながら、常に動いています。赤ちゃんの触覚は羊水の中でたえまなく刺激を受けていることになります。そのとき、手はいつも口のそばにおかれています。触覚はコミュニケーションの器官であり、環境との関係がどのようなものであるかを明確にする働きをしているようです。

嗅覚は妊娠2か月までに機能し始めます。母親が食べたものの匂い、たとえば、カレーや甘いお菓子などの匂いが羊水に溶け、その香りが子どもの嗅覚に記憶されることがわかっています。やがて離乳期を迎えたとき、この食べ物を子どもは気持ちよく受け入れるようです。

味覚は嗅覚の発達より少し遅く、3か月頃から機能し始めます。母親の食べたものが羊水に溶けた物質を、それまでは風味として感じていた赤ちゃんが羊水の味として感じ、苦いなどの味覚がわかるようになることが観察されています。

聴覚は2か月~5か月に機能し始めます。つまり、この頃から胎内でお母さんやお父さんの声を感じ取って反応します。子どもに話しかけたり、歌を歌ってあげたりすると、子どもはとても安心します。こうした安心感は下意識にしっかり刻まれます。

視覚についてはどうでしょう。胎内では瞼を閉じていますが、誕生前にはすべての光受容体ができあがります。視覚は生後何か月もかけて自分で発達させていきますが、生まれたばかりの赤ちゃんは、光受容体のおかげで一生懸命光を追い求めるのです。

妊娠中のお母さんはお腹をさすって話しかけたり、胎児の心臓の鼓動に耳を澄ましたり、全身でわが子のいのちを感じていたことでしょう。お父さんは生まれてくるわが子に「待っているよ」とあたたかく声をかけたでしょう？　あの感覚を思い出してください。それこそが、いのちへの援助のはじまりです。

妊娠から4か月を過ぎる頃になると、赤ちゃんはお腹の中で反応するようになります。両手でお腹を優しく触れ、軽く押すようにすると、赤ちゃんは胎内で「自分は受け入れられ、待たれているのだ」という明るい情報として受け取り、情緒的なつながりに目覚めていきます。これが、誕生後の母親との関係を持つときの土台となるのですから驚きですね。

こうした胎内における情緒的なつながり（アタッチメント）は、赤ちゃんにとってかけがえのない体験となります。想像できないかもしれませんが、子どもは胎内で「自分は受け入れられ、待たれている」というぬくもりを脳にしっかりと記憶するのです。胎内で得た豊かな刺激が多ければ多いほど、豊かな心を持った子どもになります。反対にこうした情緒的に明るい温かい体験を持たず、単に母体に寄生しているような状態で生まれてきた子どもは生後、混乱を引き起こします。

とりわけ「妊娠した」とわかった瞬間の父母の反応は、子どもの成長にとって大きな分岐点となります。このとき、喜びと愛で受け止められた子どもは幸せです。愛情いっぱいに迎えられることが瞬時に伝わるからです。「困ったな」という、たとえわずかな動揺でさえ、小さな生命体は敏感に受け止めます。赤ちゃんがだいじな器官をきちんとつくることができる、健やかな環境づくりに配慮する、これが「いのちへの援助」となります。

胎内記憶は胎内と誕生後の外界をつなぐ、だいじな橋渡しです。妊娠期間中、「待っているよ」というパパやママからの信頼感を得られることは、赤ちゃんにとって何よりの愛のバトンをつなぐことなのです。

胎児期

受胎から始まる妊娠期間は約280日といわれています。胎児とは妊娠期間中の後期を指す言葉ですが、小さな素にすぎなかった胚子がこの間にはすっかり人間の赤ちゃんとなるべく成長し、生まれ出るための準備をします。赤ちゃんはお腹の中で誕生後の活動に備えるための準備をしているのです。

妊娠7か月に入ると、成長は穏やかになっていきます。出生の準備期間といわれる最後の2か月間は「生命からの手紙」に促され、赤ちゃんは誕生のための大仕事を始めています。その手紙にはこんなメッセージが託されています。

★お腹の外にはさまざまなウイルスや病原菌がいますよ。
　外界へ旅立つ前に、ママから抗体を集めましょう。

★生まれてからしばらく、君の唯一の食べものは母乳です。残念ながら、この母乳には赤血球をつくるために必要な鉄分が不足気味。
　いまのうちに鉄分を蓄えて！

★頭部が下になるように、ぼちぼち回転しましょうか。
　きっと産道が通りやすくなりますよ。

★温かい子宮と違って、外はとっても寒いですよ。
　凍えないよう、十分な皮下脂肪をつけておきましょう。

★泣くこと、吸うこと、飲み込むこと、という技術は生まれてすぐから必要です。そのために口と喉元の髄鞘の形成をしておきましょう。困ったときにきっと役に立つからね。

こうして出産の準備を終えた赤ちゃんは9か月間の胎内生活に別れを告げ、いよいよ出産という大きなイベントを迎えることになるのです。まさに赤ちゃんは生まれて来る前から自分で自分をつくっていくのですね。いよいよ誕生の瞬間！

さらなる成長のために不必要になった胎盤や羊水を捨てて、赤ちゃんは自分の力で飛び出す準備を始めます。ママの陣痛も、実は子どもからの伝達です。陣痛は子どもが自分から時が熟したことを伝えるママへの指令といえるでしょう。ママはその指令を受けとり、反応する。一方、ママは陣痛を頼りに、「出口」を作ってあげ、「じぶんで」「じぶんで」と赤ちゃん自身が能動的に飛び出す、はじめの一歩を「援助」します。母と子の人生初めての共同作業です。まさしく親ができる「生命の援助」といえるでしょう。

出産はママにとってもパパにとっても人生の一大事です。赤ちゃんも同じです。胎内から初めて体外へ飛び出すとき、赤ちゃんの心境はいかばかりでしょうか。それまで慣れ親しんだ羊水という居心地のいい揺りかごから、ひとりぼっちで見知らぬ環境へと旅立たなければならないのですからね。

赤ちゃんの視点で考えるなら、出産はいのちを脅かす、得体のしれない恐ろしい体験であったかもしれません。もし、大人であるあなたが意識をもった状態で同じ体験をしたならどうでしょう。

ひょっとしたら、こんな風に感じるかもしれませんよ。

「あなたがたはなぜぼくをこの恐ろしい世界に投げ出したの？　ぼくはどうしたらいいの？　こんなにも違うやり方で、どうやって生きていけるの？　（略）このものすごい騒がしさに、どうやったら慣れられるの？　（略）どうやって消化したり、呼吸したりするの？　ずっとお母さんのお腹のなかで、いつでも同じ温かさを楽しんできたのに、どうやってこの世界で、ひどい気候の変化に抵抗するの？[*2]」

いのちからの贈り物

『いのちのひみつ』の著者、シルヴァーナ・Q．モンタナーロ（1927～2018）先生は、生まれてから3年間の間に、子どもには注目すべき「4つの贈り物の時期」が訪れると述べています。

モンテッソーリは晩年、人生の最初の3年間の重要性について頻繁に言及するようになりました。ほどなく、アデル・コスタ・ニョッキ女史という逸材の協力を得てからは、精力的に0～3歳の乳児期の研究と教育に尽力しました。乳児をアシスタントするというと、いわゆるベビーシッターを想像されるかもしれません。しかし、モンテッソーリが考えた乳児アシスタントは単なる託児にとどまらず、妊娠5か月以降の母親とやがて生まれてくる赤ちゃんのために必要なものと家庭環境を整え、同時に赤ちゃんとお母さんのための心理サポートを援助する、たのもしいプロフェッショナルのあり方でした。

モンタナーロ先生は自らの出産時、同じ病室にいた女性が雇っていた乳児アシスタントに興味を持ち、それがきっかけとなりアデル・コスタ・ニョッキ女史の講演を聞きにいったようです。それでモンテッソーリ教育に興味を持ち、モンテッソーリとニョッキ女史の乳児教育の活動に賛同したのです。もともと医師であったモンタナーロ先生は、やがてニョッキ女史本人から招聘され、講演をするようになりました。

私どもの高根学園において開催した「乳児アシスタント・トレーニングコース」においても、モンタナーロ先生は7期にわたり教鞭をとってくださいました。

モンタナーロ先生はコース内の「小児神経精神学」の講義において、これら4つの時期を取り上げられました。子どもの成長において決して飛び越えることのできない、とても重要な成長の通過儀礼として「発達の4つの危機」を位置づけ、私たちにこんなお話をしてくださいました。

どんな時期？	いつごろ？
1　誕生の危機	出生時
2　離乳の危機	5～6か月
3　人見知りの危機	9か月
4　自我確立の危機（イヤイヤ期）	2歳半～3歳

おそらく「危機」という言葉から恐ろしい印象を受け取られたと思います。ですが、ここでお話する「危機」は、けっして否定的な意味ではない、ということを最初にお伝えします。モンタナーロ先生が語る「危機」はいい意味での「チャンス」であり、「変容」と同義語でした。それは進化するための特別な機会であり、乗り越えることで、自分で自分をつくっていくための「お試し」といえます。つまり、「いのちからの贈り物」と言い換えることができます。

1　誕生の危機

居心地のよかった母胎に「さよなら」をして、初めての旅に出ます。へその緒が切られ、母胎から離れたあと、今度は新たにお母さんの胸に抱かれてお乳を飲み、肌のぬくもりを感じながら安心して生きていくことになります。「これが私のママなのだ」と新しい世界とのつながりを持ち始めます。お母さんの声を聞き、お母さんの顔を自分の眼ではっきりと見ることを通して、世界に適応していくすべを少しずつ学んでいくのです。

お母さんに抱かれて母乳を飲むことは、赤ちゃんが温かく受け入れられ愛に包まれる大切な時間です。出産は母親にとっても身体的に大変なときです。血液は減り、体力も衰えています。しかし、何とそれが母体にも良い影響を与えます。子宮の収縮を助け産後の母体の回復を助けるのです。

ここでたいせつなのが父親の存在です。赤ちゃんがゆっくりと母親との愛着の関係を結ぶことができるように助けます。たとえば、電話に出る、お客の応対、赤ちゃんのおむつ替え、入浴、泣いたときには抱いてあやしてあげるなど協働することができます。母親以外にも親しく関係性を結ぶ人間の存在を、赤ちゃんも感じることでしょう。

人間の声は、不思議なことにそれがお父さんであれお母さんであれ、「お腹の中で聞いていたあの声！」と関心を示して泣き止むということがよくあります。赤ちゃんに落ち着きと安心感を与えます。きっと言葉を通じて人と関わる楽しさを、もう学んでいるのでしょう。肌と肌の触れ合いからくるぬくもり、匂い、声の柔らかさ、その歌声、ここから生まれる感情が後々の人生において環境に対して積極的に関わりを持ち、協力して生きていく土台を築きます。「私の生まれたこの環境はなんて素晴らしいところなのでしょう」と、この2か月間で、赤ちゃんには「環境に対する信頼感」がしっかりとできてきます。

愛着が築かれて心に満足感ができると、後の母子分離がうまく乗り越えられ、新しい人との関係を受け入れていけるようになります。

2　離乳の危機

乳歯が生え始め、唾液《だえき》の中に新しい消化酵素が出てくるのが5、6か月の頃です。「母乳」にふくまれる鉄分も少なくなりますので、少しずつ大人と同じ食べものをとることが必要な時期を迎えます。最初は果汁やスープなど、さらには柔らかくした食べものをスプーンにのせて口元に運び、新しい味をゆっくりとあじ合わせてあげましょう。母乳を飲んでいた状況とは違い、母親と密着するのではなく、ひじ掛けのある椅子に座り、母親と対面して食事をします。これから口に入れる食べものを目の前にして、母乳以外の食べものに興味を示し始めます。

中期食になると、舌と顎とを使い、もぐもぐと食べものをつぶしてのみ込むようになります。スプーンで食べさせてあげるときにも、見計らってスプーンを口に近づけます。

どの食べものを食べたいのか、もっと食べたいのか、もういらないのか、あくまでも赤ちゃんの気持ちをたいせつにしましょう。食べものを通じて、母親との関係が大きく変わる、この自立への方向性がたいせつなのです。

9か月頃には後期食に入り、自分で食べたいという意欲が出てきます。最初は手の平で握るようにつかみ、口へ運ぶ姿が見られます、スープの小さなお椀が持てるように、手を添えてあげると上手に自分で飲みます。もぐもぐと口の中で噛んでから飲み込むようになります。

赤ちゃんの準備ができていないと、もぐもぐと噛んで飲み込むことはできません。たとえば、「おしゃぶり」の名残で食べる口より吸う口が優位になっていますと、食べたいという欲求があっても、口にふくんだとたん、うまく咀嚼できず、舌先からぼろぼろと吐き出してしまうようなことがしばしば見られます。

もぐもぐ食べることが楽しくなると、自らスプーンを手に持ってすくおうとするのですが、うまく扱えないで手が出てしまいます。手づかみで食べることに対して「お行儀が悪い」と母親が神経質になりすぎると、食べる意欲そのものがそこなわれます。食べたいという衝動は生きるエネルギーに直結するため、くれぐれもおじゃまにならない援助が必要です。むしろ、手でつかめる長さに野菜を調理して、自由に食べさせてあげる工夫もたいせつです。

12か月頃、離乳食も完了期を迎えます。一口大にした揚げ物も煮物も、大人の食事と同じ献立のなかから、工夫して用意してあげましょう。スープもお椀を自分で抱えて飲み、具材は幼児用のスプーンですくって上手に口へと運ぶようになります。うまくできないところだけ手を添えてあげればよいのです。また、口に入れた食べ物を咀嚼することは、後に言語の発達とも深い関係がありますので、噛むこともたいせつにしてあげましょう。

そして、この時期は食事の回数も3回になり、卒乳してもよい頃です。大人と同じように牛乳をコップに入れて自分で飲み干すことができるようになっているでしょう。

3　人見知りの危機

8、9か月のこの時期、子どもは這い這いをして動き回ることができるようになります。自分で移動できるようになると、取り囲む人々の動き、言葉、表情や視線から、「自分はどうしようか」と、次の行動を予測するようにもなります。大人は可愛いからとついつい初対面でも声をかけて親しくしたいのですが、赤ちゃんが突然泣き出してしまうことがありますね。これがいわゆる人見知りです。
人見知りの危機とは、「区別すること」つまり知性の始まりなのです。叔母さんが遊びに来て「こんにちは」をすると、びっくりして長い間見つめ、やがてママと見比べ始めるという場面に出くわしたことがあります。ママと叔母さんを識別したのです。

別の言い方をすれば、自分の領域をつくり始めています。自分の安全地帯を守ろうとしています。ですから、子どものなかに芽ばえた情感を尊重すること、「はじめまして」と同意を得て関わることがだいじです。自分と自分を取りまく世界を識別できる喜びが、子どもたちの社会性の能力を飛躍的に発達させます。

この時期には這い這いができるようになり、自ら行きたい方向への移動ができるようになります。これが、もうひとつの自立を促します。自分で何かをやってみたいと環境を見渡して、そこに参加したくなるのです。この頃に「自分自身に対する基本的な信頼感」を築き上げます。ここまで一つひとつの危機を円満に乗り越えてきて、自分はたいしたものだと思い始めているからなのです。

4　自我の確立の危機

2歳半~3歳になると、言語においても自己表現ができるようになり、自分を主張する時期です。そのために、それを受け止める大人にとっては何にでも反抗して困らせる「イヤイヤ期」と呼ばれますが、それは、しっかりと意志ができてきたということなのです。

子どもたちの「イヤイヤ」の源は「自分で、自分で」という自我の芽ばえですから、見方を変えれば親である私たち大人へのお試し期間です。子どもたちの自我の芽ばえを無視して「うるさい！」と叱ったり、怒ったり、やり過ごしたりしてしまうか。それとも、子どもに試されている期間限定の試験と受け止めて、冷静に対処するか。

こうした大人たちの援助の仕方が、成長後の自己肯定感と深く関わってくるのです。子どもを尊重し、選択肢を与えて、ゆっくりと考える力を養うチャンスとしましょう。

食事の準備の際、「カレーライスがいい？　オムライスがいい？　どちらにしようかしら？」など、二つのものからどちらかを選ばせてあげましょう。この時期は二者択一くらいがちょうどいい選択です。選ぶことは、子どもに考えさせるということです。どちらか決めることで、将来意見を持って社会に参加できることになるのです。「イヤイヤ期」は自我確立のために重要な、「通過儀礼」ともいえるでしょう。何事も問いかけること、ゆっくりと本人の自己表現を待ってあげることにしましょう。

生まれてからの3年間、実際の子育ての場面で出くわしたときに、あわてないための心がまえとして、知っておくだけでも役に立つことがあるはずです。イヤイヤ期はなかなか一筋縄ではいきませんからね。2歳児クラスである日、こんな出来事を見かけました。

雨の日の朝、ピンクのレインコートを着て登園してきたMちゃん。入り口でご挨拶もしないで、かばんを背負ったまま、その上にレインコートも着たままです。「朝のご挨拶をしましょうか」と声をかけても「いや！」と首を横に振ります。

そのままぶらぶらしていたのですが、ふと見ると、水場のおしごとのほうに向かっているではありませんか。ボールに水が入ったままになっているのに気がついたのです。瞬間、ボールを両手で持ち、水をバケツに開け移しました。バケツを持ち、水場に向かいます。が、何しろ、かばんを肩にかけてレインコートも着たままです。その動きにくい状態でMちゃんは集中してボールに水をくみ、バケツに入れては水をこぼし、何回も繰り返していました。そして、なんと3回目でお漏らしをしてしまったのです。「おしっこでちゃったね。パンツを取り換えようか。パンツはどこにあるの？」と声をかけると、Mちゃんは自分でレインコートを脱ぎ、かばんを下ろしてパンツを取り出しました。頑なにかばんを下ろそうとしなかったMちゃんでしたが、お漏らしをしたことで、ふと気持ちが緩んだのでしょう。自分からレインコートも脱いでかばんも下ろすことができたのでした。

モンテッソーリ教育のエッセンス

モンテッソーリ教育の特徴のひとつに「まず全体を与え、それから細部へ」という大きな命題があります。遠回りのようですが、最初にモンテッソーリ教育の根幹を成す、全体像を俯瞰することで子どもが秘めている「いのちのちから」をより深くご理解いただくことができると思います。そこでまず「発達の四段階」と「敏感期」、そして「吸収する精神」についてお話しします。

発達の四段階 《生命の建設的なリズム》

「生命は何かに向かって進んでいる」マリア・モンテッソーリの長年の研究は、この直感によって支えられていたように思います。やがて彼女はこの直感を観察によって、科学的に実証したのです。それが発達の四段階です。まず、亡くなる直前の晩年に編みだした二枚の「発達の四段階」の図を見比べてみましょう。

モンテッソーリは0〜24歳までの発達を4つの段階に分けています

第1段階：0〜6歳（乳幼児期） 驚くべきパワーで、すべてを吸収する時期

第2段階：6〜12歳（児童期） 宇宙のように広い現実、世界を吸収したい時期

第3段階：12〜18歳（思春期） 心も体も大人へ向かって激しく変化する時期

発達の４段階 THE FOUR PLANS OF DEVELOPMENT
建設的な生命のリズム THE CONSTRUCTIVE RHYTHM OF LIFE（1950 年）

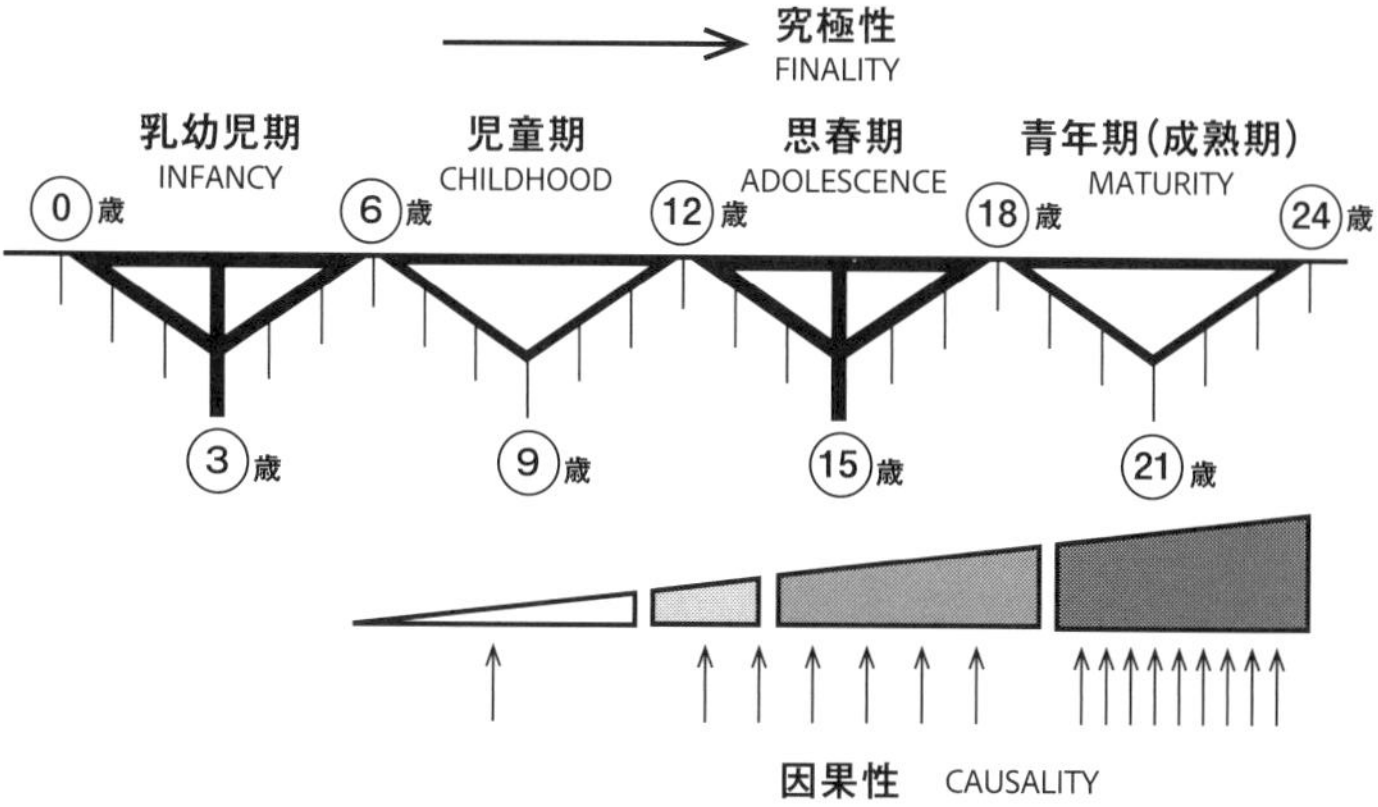

発達の４段階 THE FOUR PLANS OF DEVELOPMENT
球根 THE BULB（1951 年）

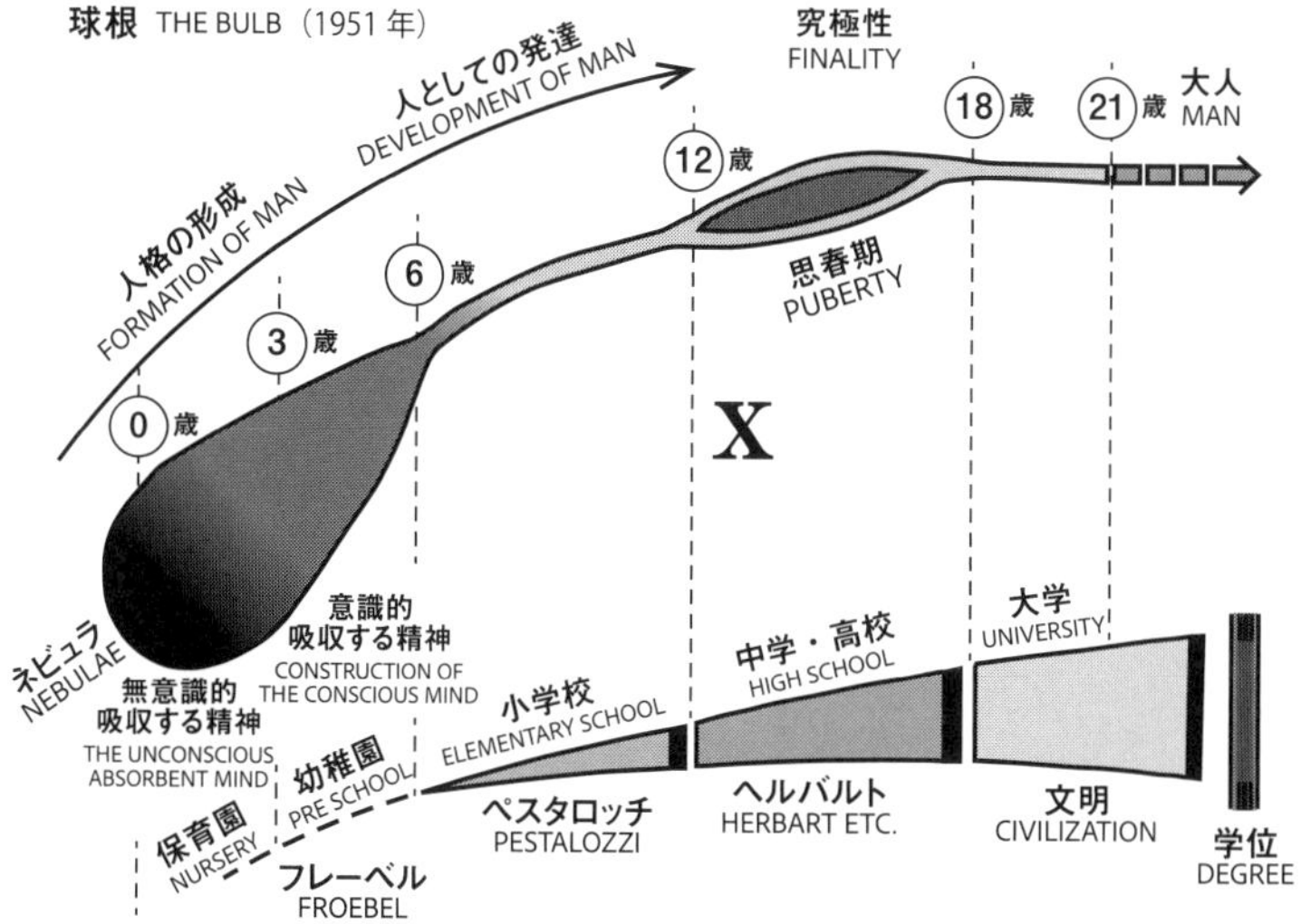

第4段階：18～24歳（成熟期） 自分の職業や専門分野に目覚める時期

前頁下の図はマリア・モンテッソーリ最晩年に示された発達の四段階の図です。最初の「発達の四段階」の図をマリア・モンテッソーリが記したのは1950年でした。これを翌年の1951年に〈球根の発達の四段階〉として書き直しています。亡くなる一年前、最晩年のことでした。私はこの2枚の図を見比べ、たった1年の間にモンテッソーリ女史の精神が素晴らしく昇華したことを感じました。

球根の発達の四段階の図の上のほうを見ますと、大きな矢印がのびてFINARITY究極性と書かれています。矢印は究極性に向かって上昇していくのです。そして最終段階へと向かいます。発達のそれぞれの段階において、発達に応じた大切な経験を重ね、次の段階へと向かい、最終段階においては自分の持っている力に気づきながら、大きな目標に向かう人間となることを示しているということができます。さらには、一個人の人生を越えた大きな目標に向かう、生命は究極性に向かうことを示しています。

モンテッソーリが最初に構想した発達の四段階はいずれも大きさが同じ三角形でしたが、球根の発達の四段階に至っては、0～3、3～6がひときわ大きくなっています。0～3は黒（無意識）、3～6は赤（意識）と色分けされ、燃え上がるような、マグマのようなエネルギーが、この球根に秘められていることに、モンテッソーリ自身が感動していたのではないかと思えるほどです。

この大きな赤く燃えるようなふくらみは球根のようなので「球根の発達の四段階」といわれます。その根元のところには「ネビュラ」（星雲）と書かれています。星雲とは、宇宙で渦巻くもの、いまはまだはっきりとした形にはならないけれど、将来に向かって大きなエネルギーを秘めているということを示します。

0歳のところに縦に線を入れてみてください。このふくらみは誕生以前の胎内から始まっていることに注目しましょう。3歳までがいちばん大きく赤く膨らみ、それは6歳まで続いていきます。この間の生命の持つ力がいかに大きいか、いかに重要であるかを示しています。人間として、精神をつくるときなのです。0から3歳のところには「人格の形成」と書かれていて、3から6歳のところには「意識的吸収する精神」と書かれています。この時期の子どもと関わる大人は、この偉大な「いのちのちから」を援助するのです。

モンテッソーリはここで、0〜3歳までの時期が、人格の基礎をつくるときだと述べています。たいがいの人はこの時期のことは記憶に残してはいないでしょうが、その間のことはその人の潜在意識のなかに貯えられて存続し、生涯にわたって影響を及ぼす、とて

無意識的吸収から意識的な吸収

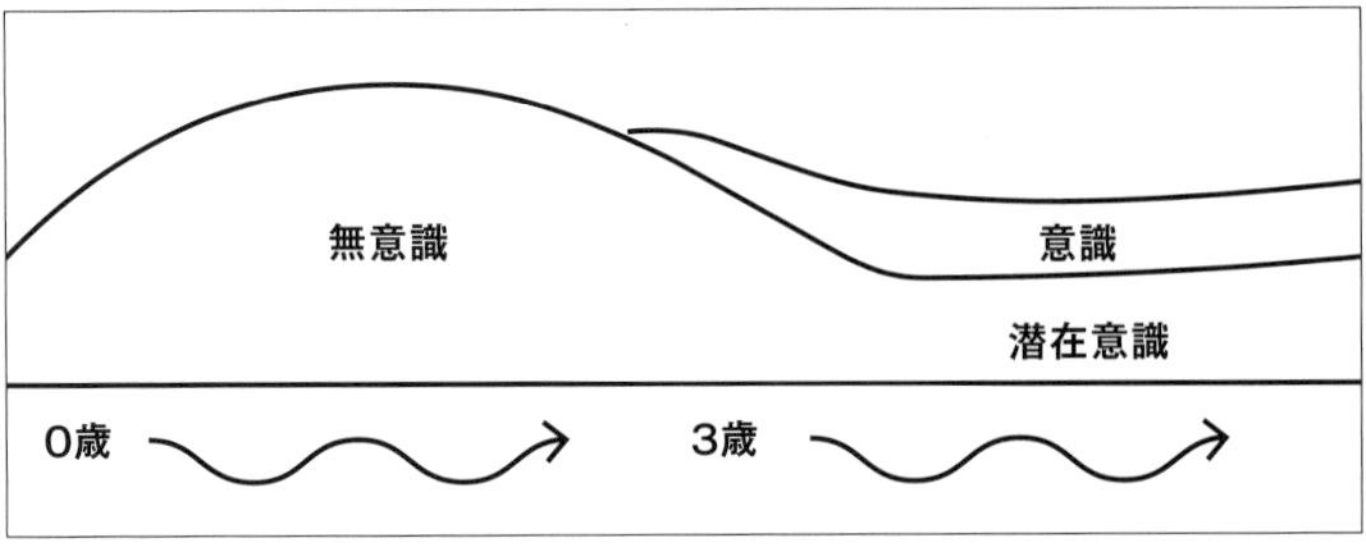

もだいじな時期なのです。

無意識的吸収から意識的な吸収を表した図をごらんください。すでに胎内における頃から自分を取り巻く世界を無意識的に吸収していた子どもが、3歳になるころには、活動を通して意識を発達させます。しかし、0〜3歳までに無意識のうちに吸収されたものは、一生、その人の潜在意識のなかに残り、人格の基礎となります。

吸収する精神

マリア・モンテッソーリは0〜6歳までの子どもが大人とは異なるやり方で世界を理解し、自らをつくり上げていく壮大なパワーを秘めていると観察により確信していました。

球根の四段階に描かれた球根のはじまりの先端は黒く塗りつぶされていましたが、彼女はおそらく、人間の心の中に隠されて、まだ明らかになっていない、この神秘的な暗闇の全貌を解き明かしたいと思っていたのでしょう。

「子どもが見たり聞いたりしたものは、子ども自身の内部に取り込まれ、行動という形で具体的に表現されます[*3]」

この時期の子どもたちは偏見や先入観なしに、自分を取り巻く環境のすべてをそっくりそのまま、よいものも、悪いものも取り込んでしまいます。

この「吸収する精神」については、スポンジが水を吸い込むようにとか、写真で写し取るように一瞬ですべてを取り込むなどと喩えられますが、モンテッソーリ自身はその姿をこんなふうに表現しています。

「私たち大人においては何も変わりませんが、子どもにおいては変身が起ります。私たちはただ環境を覚えるだけですが、子どもは環境に適応します。この、生命に必要な特別な形式の記憶は意識的に覚えるのではありません。一人一人の生命そのもののなかにイメージを吸収するのです。そしてこの記憶は、パースィ・ナンによって特別な名前で呼ばれました。『ムネメ』です[*4]」

モンテッソーリはパースィ・ナンが用いた「ムネメ」「ホルメ」という言葉に着想を得て、この時期の子どもに普遍的に現れる特性を吸収する精神と呼び、意識下の存在を示そうとしました。

「ムネメ」とは本人が全く覚えていない、無意識の記憶を指します。心理学者のカール・グスタフ・ユングが「集団的無意識」と呼んだ、原始的な集団的記憶に近いと思います。

「ホルメ」は「しないではいられない」生命衝動を指します。0～3歳の子どもが考えるよりも前に手がでたり、何でも口に入れたりするのはホルメの仕業です。ホルメのおかげで子どもたちは自分の発達に役立つ、環境とつながることができるといえます。

このホルメの働きかけにより、ネビュラ（秘められた無限の可能性）が活性化され、ムネメとして保管されるという一連の循環を、モンテッソーリは「吸収する精神」と表現したのです。

敏感期って、なあに？

このたいせつな0～3歳の3年間には、モンテッソーリ教育において決して見過ごすことのできない大きな特徴的なことがあります。それは「敏感期」です。

「敏感期」（臨界期）ということは、オランダの生物学者、デ・フリース（1848～1935）によって観察されました。[注1] 卵からかえったばかりでまだ目の見えないチョウの幼虫に、「向日性」（太陽の光に反応し、光源に向かう習性）があること、なんと、幼虫は向日性に導かれて木の枝の先端にたどりつきます。そこにある柔らかな新芽にありついて食べものとして生きのびていくという不思議に着目したデ・フリース。しかし、この向日性は、成長して新芽以外のかたい葉を食べられるようになると、もう消失してしまいます。自然の摂理《せつり》に順応して生きるため、目が見えない時期の幼虫に与えられたこの能力ですが、もし、生まれたての幼虫を光の当たらないところに放置したら、その幼虫はえさにありつけずに、やがて死んでしまうでしょう。チョウの幼虫がもつこの能力は、適切な環境があってこそ発揮されるものなのです。

モンテッソーリはこの敏感性が人間にも、その幼少期に特別に備わっていることを観察しました。とくに0〜3歳には、子どもたちの感受性が敏感になり、特定の能力を身につけることに強い関心がでてくるという一定の期間が現れます。このとき、子どもたちを駆り立てる生命の内的衝動は、強烈なエネルギーを放出しています。ある種の興奮状態にあり、それはまるで恋をするような、ほとばしるエネルギーです。特定のことに非常に引きつけられ集中し、しかも繰り返し取り組む姿を見せます。しかし、いったんその能力を獲得してしまうとその炎は消えてしまい、いつのまにか次の炎が燃え上がるという具合で

最初の３年間の主なる敏感期

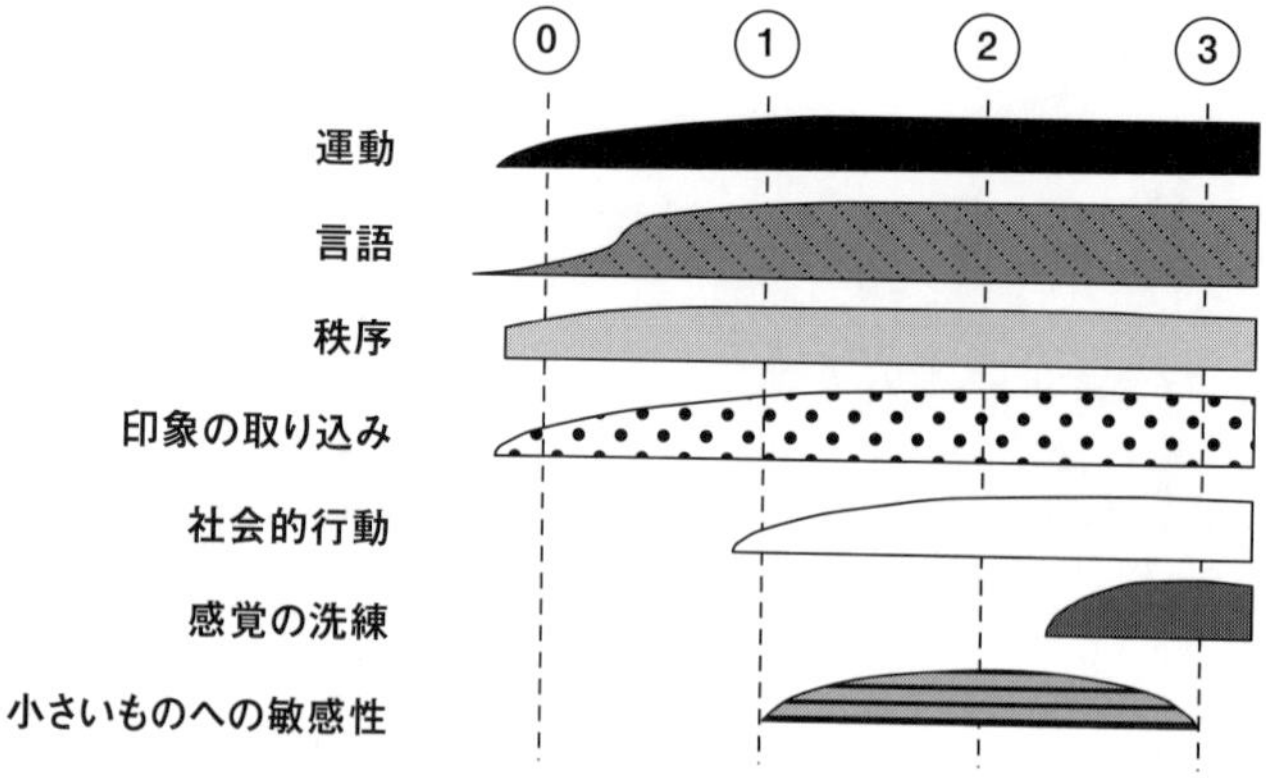

す。そのようにして獲得された能力は、子どもがその人格として一生持ち続けていくものとなるのです。「敏感期」とは、限られた期間なのです。あけ放たれる「欲求の扉」のようなものです。しかるべきタイミングで、子ども自身がこの欲求を満たしてくれる環境と巡りあえなければ、残念なことに扉は閉じてしまいます。内的要求を持ちながらも希望を捨て、努力をせずにあきらめてしまうのです。環境のなかで成し遂げることができないと正しい発達が遂げられず、人格がゆがんでしまうことさえあります。大人は子どもの発達の要求が、いまどこにあるのか、よき観察者でなければなりません。子どものなかにあるこの「敏感期」の欲求を知ることによって、子どもと大人はひとつの平和な関係を築くことができます。

さて、右の図は生まれてから3歳までの「敏感期」を示すものです。

この敏感期は世界中の子どもに同じ時期、ある一定の期間だけ現れることがわかっていますし、複数の敏感期が同時に重なって現れ、現れ始めると徐々にピークに向かい、しだいに消えていく。いったん消え始めると、ついには永遠に消えてしまうというものです。

運動、言語、秩序、印象の取りこみに対するこの感受性は、すでに生まれる前から始まっていることにも注目したいですね。

とりわけ、「秩序感」に対する子どもたちの不思議なまでに強いこだわりは、大人たちをしばしば困らせるほどです。こんな経験はありませんか。

・お気に入りのぬいぐるみが、いつも同じ場所に置かれていないと火がついたように泣きだす

・いつもはパパが座るソファにお客さんが腰かけると、こわい顔でにらみつける

・箸をテーブルに並べる順番をまちがえると、はじめからやり直したがる

なぜ、子どもたちはこんな行動にでるのでしょうか。それはこの「秩序感」が子どもたちにとって、自分とこの世界をつなぐたいせつな「手がかり」だからです。魚にとっての水、動物にとっての大地に匹敵《ひってき》する、いのちのよりどころなのです。

この宇宙のなかで自分がどう動けばよいか、自分の居場所を確かめ、行動の意味を理

解するために、なくてはならない羅針盤《らしんばん》のようなものだからです。

本来、子ども自身の生命が秩序だってつくられています。秩序のある環境で育つと内面の秩序が満たされます。環境においても場所や順番、所有物など、いつも秩序立っていることが、子どもの目印となるというわけです。

運動の敏感期についてもたくさんのエピソードがあります。たとえば、子どもたちが「にぎる」「おとす」「つまむ」など、手を使う動作に無心に取り組む姿を見ることがあります。あるお母さんのお話です。わが子が1歳の頃、ベッドの上からおもちゃをつかんでは落とす、また次もつかんでは落とす……。さすがに目に余り、「落としてはいけません」とおもちゃをすべて片づけてしまった、というのです。この時期は握っている手を緩めるとものが落ちていく、それが面白くてたまらないのです。しかし、お母さんは「敏感期」を知りませんでした。お母さんに罪はありません。いっぽうで子どもの気持ちになりますと、心躍るような気持ちで見つけた興味対象が突然、目の前から消えてしまい、「ぽかん」とする以外にない、ということになります。ですから、私たちは落とすことができる、さまざまな教具をこの年齢の子どもたちに準備しています。

また、1歳半の頃には、足腰の動きと腕の力を一つにして身体を使い、最大限の努力をする時期です。階段を上ろうと、四つん這いになって一心に取り組む姿を見かけます。まだ歩けるようになったばかりなのに、と大人はハラハラしますが、子どもたちは全身の力を込めて、突き動かされるように、飽きることなく、何度でもその作業を繰り返します。ときとして大人の私たちには理解できないような、真剣さと執拗《しつよう》なまでのこだわりをもち、目を輝かせ、喜びいっぱいで口はほころび、繰り返し、しかも疲れ知らず、なのです。

もしも、こうした子どもたちの「敏感期」に大人が気づけなかったら、どんなことが起きると思いますか。すこし、詳しく見ていきましょう。

自分をとりまく環境のなかに、ひとたび自分の興味や関心に応えるものをかぎとるやいなや、子どもたちは、内面からほとばしる、強烈なエネルギーに駆りたてられます。

子どもがいま、その特別な「敏感期」であることを知らずに、大人たちがそうした生命のほとばしりに気づかずに、先回りして肩代わりしたり、押さえつけたり、無視したり……。その時期が過ぎてしまうと「敏感期」の扉は閉まります。しかも、二度とあかない扉もあるでしょう。

生命のなかにこのように仕組まれた驚くべき「秩序」があり、発達には「時期」と「順序」があり、親があれこれ手をやかなくてもよいのです。生命の秩序に沿って成長する、その順序をいちばんよくわかっているのは、子ども自身なのですから。お父さんやお母さんに言われなくても、ちゃんと知っている、なぜだと思いますか。

子どもの生命のなかには、「自分自身の先生」が存在している、モンテッソーリはこの先生を「内なる教師」と呼びました。その役割は、たとえるなら「いまこのとき」を告げる、時計や時間割のようなものです。

子どものなかには「いまでしょ！」と自分を激しく駆りたて、誘導する「内なる先生」が、すでにちゃんと存在しています。にもかかわらず「なんで、いまこれなの？　こっちを先にしたら？」などと、あれこれ指図するパパやママがそばにいたらどうでしょうか。

ここでイメージしやすいように、テレビなどでよく見かける、予備校の先生の有名なフレーズを思い出してください。「いつやるの？　いまでしょ！」というあの言葉です。

子どもたちのなかには「いつやるの？　いまでしょ！」と、発達に役立つ活動に駆り立てる、内なる先生がいるのに、周りからも、あれこれ指示されては混乱してしまいますよね。子どもの成長と発達は、子ども自身のなかに存在する「内なる先生」が環境のなかで発動してこそ健やかに行われます。本人自身の指令によって初めて、その子の本来の才能や能力が開花できるのです。

とかく親は、わが子かわいいがゆえに、子どもが自分自身を築くプロセスについうっかり「介入」し、「お手伝いをしすぎる」傾向にあります。

子どもたちは「ひとりでやりたいの」と発信しているのに、私たち大人は、とかく先回りして、お邪魔してしまうのです。子どものペースを知り、しかるべきときに必要な手をさしのべる、これが肝心です。

だからこそ、私たち大人は子どものための「生命への援助」を正しく行うために、子どもたちに内在する生命のプログラムがどのように計画され、どんなリズムを刻んでいるか。これを正しく理解する必要があります。

このタイミングを見誤って、うっかり「お邪魔」してしまうと人生を能動的に生きていく「生命」に傷を残してしまうのです。生まれてすぐの赤ちゃんが、預けられた乳母から冷たく扱われ、その後、適切な環境に戻されたにもかかわらず一生を台無しにしてしまった実例をモンテッソーリ自身が書き残しています。その傷は、年齢が低いほど後々への影響は大きいのです。

人間らしい人間になるように導く「敏感期」のエネルギッシュなパワー、これは止まるところがありません。しかし、そのエネルギーが止められると、ストレスとなり、障害となって現れます。大人たちの無理解や無理じいの結果として起こりうる「負の可能性」についてもお話ししておかなければなりません。

気がつかないでいると、どうでしょうか。「落とし物」をしたまま、成長していくことになります。やっかいなことに、その落とし物は、のちのちになって「落とし主」を探しにやってくることがあるのです。それは、目的を持たない衝動や、人に迷惑をかけるような悪しき行動や習慣として、幼児期後期、学童期、思春期と呼ばれる成長過程で顔を出すことがありますからご用心ください。たとえば、こんな具合に。

・つねに受け身で他人の顔色をうかがい、他人の考えに左右される
・自分をコントロールすることができない
・計画を立てられず、やりとげることもできない
・一人で行動できず、友だちと群れていないと不安で、弱い者をいじめる
・情緒不安定で怒りっぽい

私たちは、子どもたちがそんな「落とし物」をしなくてすむように、子どもが自分自身の性格を形成する機会をもてるようにと願い、教育の環境を整えています。0から3歳の時期に、たとえ「落とし物」をしたとしても、6歳までにある過程を経ることで変わることができます。モンテッソーリはその真実を子どもたちの行為のなかに発見しました。

そのためには、3歳の子どもたちをクラスに受け入れるとき、どのように家庭で過ごしてきたのか、一人ひとりの観察をせねばなりません。

＊1　『創造する子供』マリア・モンテッソーリ著　菊野正隆監修　武田正實訳　エンデルレ書店　第4章　二つの生命力　P32
＊2　『子どもの精神』吸収する精神　マリア・モンテッソーリ著　中村勇訳　日本モンテッソーリ教育綜合研究所　第7　精神的胎児の生活　P79
＊3　『子どもの精神』吸収する精神　マリア・モンテッソーリ著　中村勇訳　日本モンテッソーリ教育綜合研究所　第7　精神的胚子　P71
＊4　『子どもの精神』吸収する精神　マリア・モンテッソーリ著　中村勇訳　日本モンテッソーリ教育綜合研究所　第7　精神的胚子　P71
注1　AMIの研究に拠れば、モンテッソーリが着想を得た「敏感期」という言葉を初めて使ったのはデ・フリースでないことがわかっているそうです。

Column ④

無意識的吸収と意識的吸収

髙根文雄

子どもたちにどんな子ども時代を過ごさせてあげられるか。その意味の大きさを私たち大人が知ることは、とてもたいせつなことです。

0〜3歳の時期に無意識に吸収したものは意識下に永遠に残るとモンテッソーリは言っています。手あたり次第、口に入れたり、触ってみたり。その時期の子どもがすることはいたずらが多く、めちゃくちゃに見えるかもしれません。それでもそのとき、知らず知らずに吸収した印象が、ずっと一生、その子の潜在意識に残るのです。

手を使って作業をしたい。こうした欲求はどんな子どもも持っています。0〜3歳のときに自分の手を使って夢中になれる活動を経験した子どもは3歳以降、これをやりたいと意識的に手を使うようになり、意識していることも忘れて、没頭し集中できるようになります。

0〜3歳までの無意識的吸収活動は3歳からの意識的活動に大きな影響を与え

ます。それはシール貼りひとつとっても如実にわかります。こんなことがありました。

あれは確か、まだ寒さの残る春先のことでした。ひとりの女の子がシール貼りに夢中になっていました。小さな手先でシールを剥してはシートに貼っています。最初は木製の飛行機にシール貼りをするお友だちの作業に興味を示し、見よう見まねで手先を動かしていただけでしたが、しだいに様子が変わっていきました。

シート一面をシールで埋め尽くしたあたりから、もう無心でした。繰り返し、繰り返し、シール貼りに没頭しています。その集中力は途切れることなく、クラスの先生が「おやつにしましょう」と声をかけても聞こえない様子で、ただただ夢中で続けています。

やがてシールいっぱいのシートが4枚に達したときのことでした。「おわった」と顔をあげ、ゆっくり立ち上がり、その子は何事もなかったかのような顔つきで教室を後にしました。

テーブルの上に置かれた4枚のシールシートは、その女の子の奇跡の集中力の証でした。実はそれだけではありません。その子が座っていた一人掛け椅子の上にも、ありありと残っていました。椅子には毛足の長い、ムートンの座布団が置かれていましたが、その座布団から何かが滴り落ちています。お察しですね。そうです。おしっこでした。

床いっぱいのおもらしの痕跡があり、少なくとも2回分の放尿を上回る量でした。

春先の温かい日とはいえ、お尻が冷たかったろうに。

それにしても、トイレにいくことすら忘れて没頭していた集中力の素晴しさに、感心せずにはいられませんでした。シールを単に行儀よく貼っていくのではなく、4枚すべてにダーッと勢いがあり、紙に収まりきらないその子のアイデアやエネルギーが感じられました。その子は上のクラスに進学しましたが、そこでも集中してお仕事をしているそうです。

第2章　無意識から意識への道行き

生命は誕生とともに身体と精神を育み始める

最初の0〜6歳の時期、球根のふくらみがとても大きな時期、創造的なエネルギーではちきれんばかりの時です。その0〜3歳のところには「人間の形成」とありましたね。人間的な特性といえばとりもなおさず、二足歩行をして手を使うこと、言語を持っていることです。他の哺乳動物は生まれたらすぐに立ち上がり、動けるのに、人間の赤ちゃんは歩き始めるのに1年間もかかりますし、言葉を話せるようになるのにはもっとかかります。0〜3歳の間に、その環境のなかにおいて良いお手本があれば、運動も言語も自然に獲得していくというわけです。

0〜3歳をモンテッソーリは「精神的胚子期」といっています。人間の精神的な部分を発達させる時期なのです。お母さんのお腹の中で過ごしていた肉体的胚子期は、人間の身体の部分をつくりだすという大変重要な時期でした。そして誕生した、人間の赤ちゃんは大きな可能性と能力を持って、人間となるべくしてこの世の中に生まれてきています。ということは、精神的胚子は、まだ人間として精神が完成されていない状態なのです。なによりまず私たち人間は、人間としての精神を獲得しなければなりません。そして人間の仲間の一人となっていく必要があります。運動の調整、言語の吸収、とくに子どもの住んでいる所の文化を獲得し、人間の集団のなかでその文化にうまく適応していくことを必要としています。

モンテッソーリは0〜3歳の子どもの持つ潜在能力、生まれながらにして身につけている遺伝にも相当する能力として次の3つをあげています。

① 言葉を学ぶための潜在能力
② 動きの調整をするための潜在能力
③ 五感を通して環境の情報を吸収する潜在能力

この潜在的に持つ能力を発揮するようになるのが0から3歳の時期なのです。

人間の生命の持つ最も深い精神にまで掘り下げて子どもを理解せねばなりません。そしてこの潜在能力が十分に発揮できる環境を準備することです。私たちの子どもに可能な限り最良の教育を提供できるように、教育者と両親とが子どもへの愛を共有しなければなりません。私たちが教育法を設計して子どもをそれに当てはめようとするのは、子どものためにはなりません。私たちはたいせつなこの時期の子どもが自己形成していく姿を観察し、その偉大な創造力に向けてどのように謙虚に保護と援助ができるでしょうか。

0〜3歳は精神的胚子期

敏感期のなかに「印象の取り込み」とありましたが、この0〜3歳の時期は「吸収する精神」が備わっています。見ること、触ること、匂いをかぐこと、聴くこと、味わうこと、感覚器官をいつもフル回転して、自分のおかれている環境をそっくりそのままに吸収します。自分の生命そのものをもって吸収します。

0〜3歳の時期は無意識のうちに吸収します。子どもの心に印象が入り込み、それが子どもの心を形成するのです。子どもは自分が学習していることに気がついていませんが、吸収したことはそっくりそのままに取り込まれ、やがて動くことで意識され、環境を模倣して自分の行動パターンをつくります。言語も、運動も、文化も、この「吸収する精神」によって吸収され、その子どものものとして発揮されていきます。この吸収する精神は生まれながらにしてどの子どもにも備わっているのですが、環境における経験によって違いが出てきます。環境のなかにそのお手本となるものがなければ身につけることができません。

狼に育てられたアヴェロンの野生児をイタールが観察しましたが、その幼い時期に環境のなかにおいて身につけてしまった習性は、後になっては取り返せないことがはっきりとしたのです。

肉体的な胚子期においてはお母さんの母体で保護されていましたように、精神的胚子も良い環境のなかで保護され愛されて育つことが何よりも重要です。愛と知識とを持ってこの時期を過ごせるように配慮しましょう。この3年間は他のどんな時期よりも慎重に、丁寧に、子どもと接することが重要だと常に心がけましょう。

精神的発達は運動に基づいてなされる

運動に必要なのは骨格と筋肉ですが、人間の筋肉の多くは随意筋と呼ばれ、大脳新皮質に生じた神経の指令によって動かされているのです。人の意志が司令塔となった筋肉の動きです。

生まれたばかりの赤ちゃんをよく観察してみましょう。まず、その頭の大きさに気づくことでしょう。大きな頭の中には大きな脳が包まれています。この脳と身体全体の神経と筋肉運動とを結びつけるという大人顔負けの大仕事を、生まれたばかりの赤ちゃんは粛々と進めていくのです。

赤ちゃんはネットワークづくりの名人

ニューロンという言葉を聞いたことがありませんか？　脳の中にある神経細胞のことです。人間の赤ちゃんは約1000億個ものニューロンを持って生まれてくるといわれています。

ニューロンには、足のようなものがつながっています。ひとつには核を覆う細胞から出ている樹状突起という小枝状のもの。もうひとつは軸索と呼ばれます。赤ちゃんが日々のなかで体験するさまざまな刺激は、まず脳で情報化され、軸索へのび、接合します。この接合部分はシナプスと呼ばれます。

ニューロンを経由するこの情報の流れはよく電流に喩えられます。電気のコードはたいがいカバーでコーティングされています。裸のままだと漏電してしまうからです。軸索が脂肪でできた絶縁体でカバーされると、脳からの指令である電気刺激も伝達がいきわたるようになります。これを髄鞘化（ミエリン化）といいます。

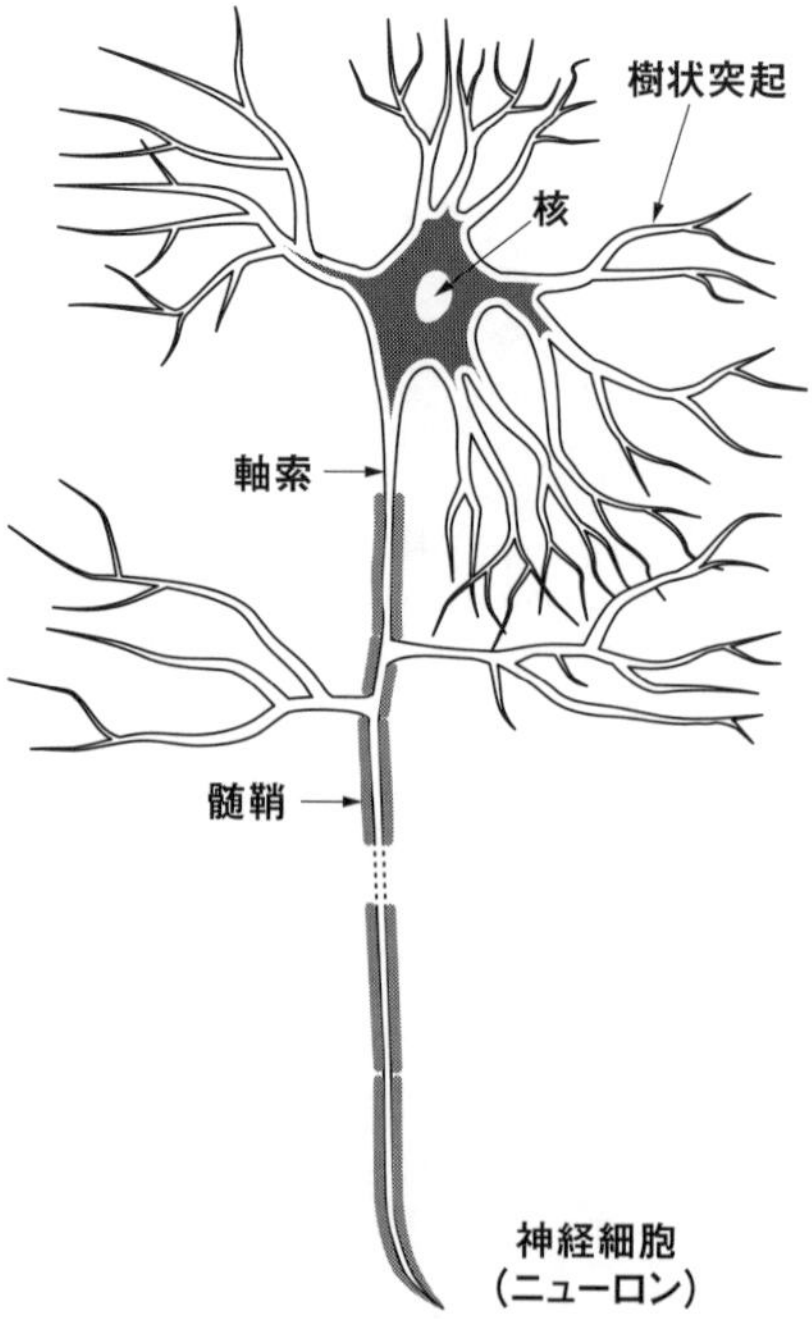

神経細胞
（ニューロン）

赤ちゃんの運動の発達とミエリン化の深い関係

誕生前にミエリン化が完了しているのは呼吸や心臓など生存に必要な脳幹の部分のみですが、誕生前の「生命からの手紙」にあるように、喉の位置と口の部分のミエリン化は誕生前にすでに準備されています。ですから、泣くこと、吸うこと、飲み込むことは、生まれたばかりの赤ちゃんが、ひとりでできていることなのです。ほかの大部分は誕生後にミエリン化がなされて、日々の活動のなかでの体験を経て発達していきます。生後約1年の間に、足先までの神経がミエリン化されて初めて二足歩行が可能になります。人間の赤ちゃんがすぐには歩けないのも、すぐには言語が話せないのも、このミエリン化を待たねばならないという仕組みからきているものなのです。

神経のミエリン化は頭から足先へ、中心から末端へ、手の先まで、順に進みます。随意運動の発達はその流れに沿って進みます。逆にいうならば、ミエリン化の進行具合は赤ちゃんの随意運動の発達から見てとることができます。

ミエリン化ができて、脳からの指令が伝わって動く、ということは意図的な動きです。神経が通って、自分はこうしたいと意志を持つ動きができるようになるというわけです。そのとき、精神的な発達が促されます。

腕を上げておもちゃを持つ

自分で見える目をつくる

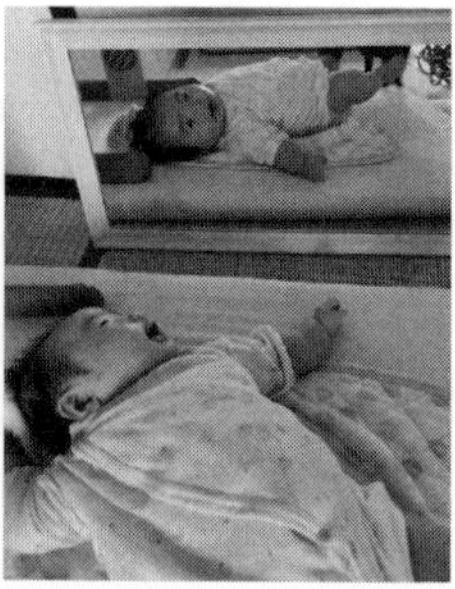

3か月の赤ちゃん

胎内から生まれ出てきて明るい光の下で、赤ちゃんがいちばんよく見えるのは、30㎝の距離にあるお母さんの顔です。やがて少しずつ周りを見回すようになります。

1か月くらいには、眼のコントロールができるようになります。ひとつのものを見ながら、両目の焦点を重ね合わせ、自分で見える目をつくる。これは奇跡のすがたです。

物を見てそれに集中します。運動といっても、この時期は目の筋肉を使う運動です。ただ、ひたすらに一心に見つめています。

2、3か月になると、肩から胸の当たりへのミエリン化ができてきて、腹ばいにさせると、肩や胸の一部を床から浮かせられるまでになります。この頃には首も据わってきます。

3、4か月の頃には、肩から腕の方へとミエリン化が進み、腕を上げ始めます。いわゆる、手かざしも始まります。自分の腕を持ち上げ、手を動かしてじっと見つめているこ

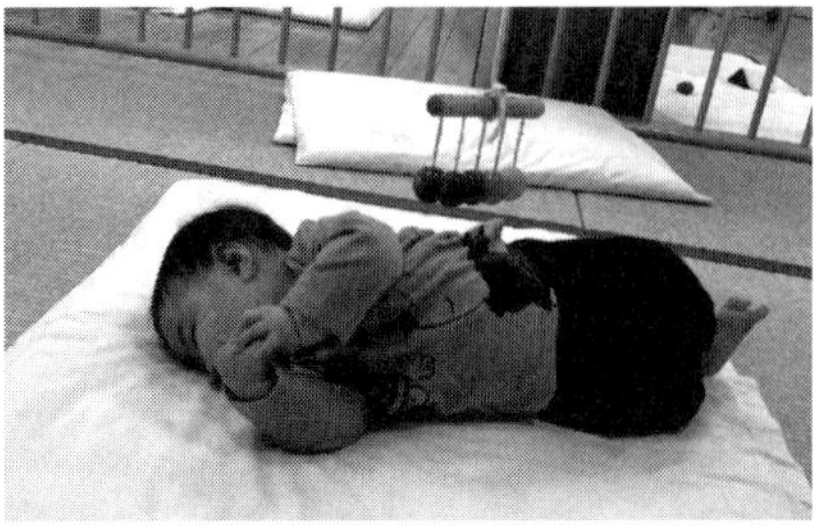

右：腕の力を借りて寝返り
左：自分でお座り

とがあるのです。「これは自分の一部なのかな」と興味が湧き、じっと見つめています。

４か月頃になると、肩から胴体までミエリン化が進行します。腕の力を借り、ある日突然、寝返りをします。仰向けに寝かせていた赤ちゃんが、胴体をひねりコロンとうつ伏せ状態になります。

６か月頃には腰のミエリン化がしっかり進んで、支えがあればお座りができるようになります。お座りができると見える視野が広がり、さらには両手が自由になります。腕を伸ばして意図的な把握ができるのがこの頃からです。

８か月頃には自分でお座りができるようになります。四つん這いの姿勢もとれ、やがては這うことができます。

９か月頃には個人差はあるものの、直立ができるようになり始めます。動くときはまだ這い這いですが、この頃から自分の行きたい方向へ移動することができるのです。這い這いのスピードもだんだん速くなります。何と嬉しい

右：這い這い
中：つかまり立ち
左：手押し車でヨチヨチ歩き

ことでしょう。自分はたいしたものだ、やれば自分もできるではないかと、「自分自身に対して基本的信頼感」を持つときです。

9、10か月頃にはつかまり立ちをして、伝い歩きができるようになるでしょう。でもまだつま先で歩いている状態です。

1歳のお誕生日を迎える頃には足のかかとまでしっかりとミエリン化が行き届き、手をかせば、ヨチヨチと歩き始めます。いよいよ自分で全身のバランスを保ち、1歳3か月頃には突然ひとりで歩きだします。

手の動きにも注目しておきましょう。最初は反射的に、頼りなく握り返すだけだった指先も、自然が仕組んだ指令が隅々までいきわたるようになると、指先でつまむという、細やかな動作もできるようになり、次第に動きが洗練されていきます。お座りの姿勢がとれる、6か月を過ぎる頃からは手の動きにも変化が見られるようになります。

12か月を超える頃には手に持った物を放すことも上手にできます。手の働きについては次の「適応の過程」でよく見ていくことにします。

1歳6か月は、最大限の努力をしたい時期

それまで別々に発達していた足と手の発達ですが、1歳6か月の頃は、脚の力と手の力の両方を使って、最大限の努力をするときです。歩くことが器用にできるようになると単に歩くだけでは物足りなくなる、たとえば重いものを背負って運んでみたりします。さらに発達するに従い、自分の体よりも二回りも大きいタイヤを引きたがったりします。ジャンプをしたり、走ったり、ただ歩くだけではつまらないのです。花壇を取り囲む狭いブロックの上をわざわざ歩きたがります。階段を片足ずつ、何度も何度も上る様子も見られます。上の写真は1歳6か月頃の子どもたち（たかね保育園）が崖のぼりをしている様子です。手も木

崖のぼりをする１歳６か月の子どもたち

の根っこをつかんで支えとなり、足腰を踏ん張っている様子が見てとれますね。

この時期の子どもたちは低い丘や木に登ることに非常に強い興味を示します。全身を使い、まるで大きな困難に立ち向かっているようにも見えます。まさに真剣で無我夢中です。こうした挑戦を繰り返し体験することで、子どもたちはより高度なバランス感覚を身につけていきます。この時期の子どもたちは重いものを運んで歩き、また次の重いものを運ぶ、そのために、たかね保育園の園庭には「重いもの」が運べるように用意してあるのです。よじ登るときには支えとなるものを求めるし、階段を上がるにも最初は身体の寸法に合う手がかりが必要です。その活動ができるように設計された教具も保育園には用意されています。

これらは主に足腰の活動ですが、腕の助けも必要なのです。0歳児クラスから1歳児クラスの子どもは、歩くことが本当に好きです。これが彼らのだいじな仕事です。子どもにとっては真剣勝負の探求です。一方、腕で重いものを持ち運ぶ、引っ張る、手を使ってよじ登るなど、一生懸命に努力する様子を見せてくれます。

「危ないからだめ！」「お洋服がよごれちゃう！」などと、子どもの活動をさえぎるようなことはどうかなさらないでください。たとえ転んで泥だらけになっても全身を使い、困難を克服したことに子どもは大きな満足感を覚え、自分の力に自信を深めていきます。

小さな体で大きな困難に挑む子どもたちのなかには、次第に仲間意識が芽ばえ、できない子がいると自ら進んで手を差し伸べるなど、手助けをしようとする姿を見ることがしばしばあります。

大人の目には危険と映る場所でも、子どもたちは注意力や体のコントロールのしかたなどを自ら工夫し、果敢に困難に立ち向かおうとする積極性も生まれてきます。勢い余った運動の力を調整することも、この時期の子どもの成長にとてもだいじなプロセスです。そうです。この時期の子どもたちは「最大限の努力をしたい」のです。

そういえば、こんなことがありました。散歩の途中で泣き出し、最後まで泣き止まなかった1歳半の女の子がいました。両手には重そうな荷物を抱えています。大人はつい「重いのがいやで泣いていたのだろう」と考えがちですが、そうではありません。その子は隣の女の子が自分より重い荷物を運んでいるのを知り、「もっと重い荷物を持ちたい！」と泣いていたのです。こうした日々の活動と悔しいと感じた体験は子どもたちの下意識に刻まれていきます。やがて3歳をすぎ、意識が芽ばえる頃、この日の経験はものごとに真剣に立ち向かう姿勢へとつながることでしょう。こうした発達の順番を知れば、子どもの発達のタイミングに合わせたおもちゃや道具を与えられるようになります。たとえば、つかまり立ちの頃には低い棚やオットマン、つかまり棒を用意するなどです。

発達を上手に援助するコツは、いまできることよりも、ちょっとだけ先の刺激を与えることでしょうか。ずり這いの頃に毛糸のボールやスポンジのボールなど、ゆっくりと転がるものを用意してあげると、前に進みたいと心が動きます。

留意したいのは、発達の妨げになる「お邪魔」を取り除くこと。最近は便利グッズがいろいろ出回っていますが、かえって子どもの自由な動きを阻んでいることが少なくありません。こうした障害物を環境から排除し、赤ちゃんが自由に動けるような安全な空間と十分な時間を確保してあげることがだいじです。運動の可能性を妨げない衣類を選ぶことにも気をつけましょう。

「人間になる」ための適応の過程

モンテッソーリ教育が掲げる0～6歳までの子どもの発達の目標として、2つの大きな柱があります。ひとつは「人間になること」。もうひとつは「適応によって知性を獲得すること」です。人間になるとは、人間としての特徴と人格を獲得することを意味します。あらためて、人間とはどんな生きものでしょう?

ここで、1枚の絵をご覧ください。

これは脳神経外科医のワイルダー・ペンフィールドが描いた「ホムンクルスの図」をも

とに作図したものです。それにしても大きな手と唇ですね。医学生は生理学の授業で必ず目にする有名な絵だそうですが、これは、人間は口と手に神経繊維が集中していることを示しています。何と口に5分の2、手に5分の2、残り5分の1が身体全体という割合で神経が集まっているというのですから驚きです。「手が外部の脳」といわれるのも頷けます。つまり、人間の特徴は手と口にあるということです。いいかえれば、私たち人間は、手の働きと言語を通じて環境に適応し、社会集団を形成しています。

ペンフィールド「ホムンクルスの図」より作図

手の働き

人間は二本足で歩きます。人間は二足歩行ができるようになって初めて、手が自由に使えるようになりました。これが人間を人間たらしめる第一の特徴といえます。運動の発達においては足と手の機能が別々に発達します。他の動物とは違い、人間の場合、足と手は全く違う動きをするからです。足は誰も似たような動きをしますが、手の働きは人によってさまざまです。

手は知能の発達、つまり子どもの精神と深く結びついています。

モンテッソーリはこう言いました。

「子どもの知性は手を使わなくても一定のレベルに達します。でも、手を使う活動によってさらに高いレベルに達します。そして、自分の手を使った子どもは一段強い性格の持ち主になります[*1]」

手を使って獲得した知性を他人のために貢献することに役立てます。人類は手を使うことで道具を作り、文明を生み、文字を書き、今日まで進歩発展してきました。とはいえ、手を使って作業する場合、自分がいま何をやっているか、注意深く見なければなりません。ですから、その発達は視覚とも深く結びついています。目と手がうまく協応することによって、初めて手先の作業ができるようになるのです。

ここで、手の動きの発達を見ましょう。

生まれた赤ちゃんの手のひらに大人の指を触れさせると反射的に握りますが、これはまだ本能的な把握です。神経のミエリン化は、首、肩、胸へと進み、肩から腕へ、腕から指先へと進みます。それに伴って手の使い方が進んできます。うつ伏せに寝かせていると肩を持ち上げ、前方に何かを見つけると腕を伸ばしてつかもうとします。もうこれは随意運動です。

3、4か月の赤ちゃんが手に注目し、ときおり、自分の手を動かしながらじっと見ていたり、手をかざしたりするのは、その手に興味を示したことにほかなりません。

5、6か月の赤ちゃんは支えられて座ります。眼の前にガラガラと音の出る物を動かして見せると腕をのばして、手のひら全体で握るようになります。これは目で見たものに手を伸ばし、握るという意図的な把握です。手のひら全体を使い握ります。がらがらを振り回して音を出したり、口に入れたりするなどの様子を見せます。

9か月の頃にはミエリン化が指の先の方まで進み、親指と4本指とを対向させて小さいものもつかむことができます。離乳食で、食べたいものに手が伸びて口へと運び、自分で食べることに興味がでてくる時期です。

10か月では手を叩くなど、両手を組み合わせて動かすことができます。また、この頃から指を開いて物を「放す」ことが面白くなります。

18か月では親指と人差し指でつまむことができますので、小さいものにでも興味を持ってつまんで見せて、びっくりすることがあります。

これから先の指の使い方は、使えば使うほどに進化していきます。環境のなかで安全でしかも能動的な体験が繰り返しできるように、そのチャンスを与えてあげましょう。手の動きの発達は常に知性の発達と深くかかわっていることを、くれぐれも忘れないようにしましょう。

繰り返し使う教具

たかね保育園の乳児クラス、及び、横浜・モンテッソーリ幼稚園の1、2歳児クラスにおいては、手を使うことが繰り返しできるように教具を用意しています。写真はその一例です。

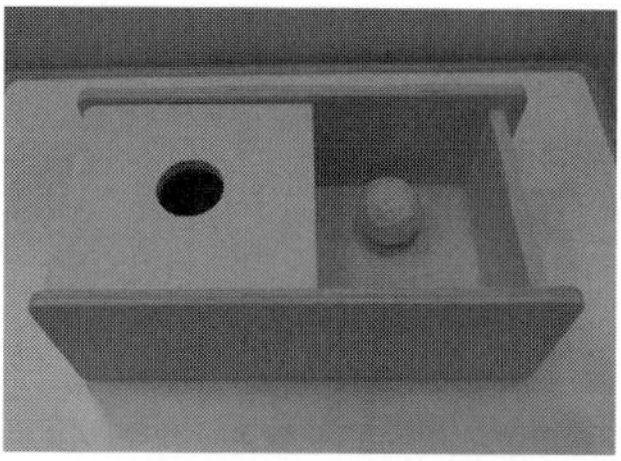

丸い穴に毛糸のボールを入れる

最初は丸い穴に毛糸のボールひとつを入れ、コロコロと転がって出てくるもの、それを繰り返しますが、そのボールの数がだんだんに増えていき、さらに色が増えていき、感触の違うものがあり、さまざまに経験できるように工夫していきます。年齢が高くなるにつれて、穴の形が様々になり、形を選んで穴に合わせて落とす教具もあります。大きさに注目させる教具もあ

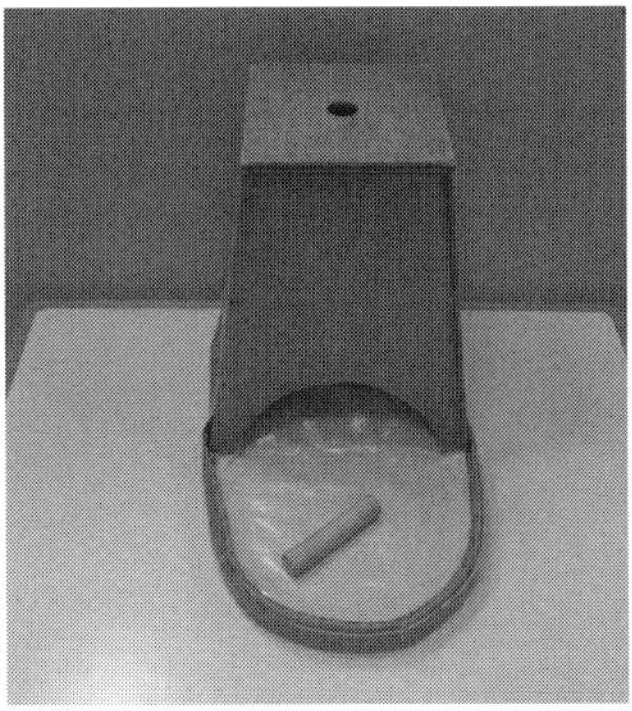
丸い穴に細い棒を入れる

丸い穴に毛糸のボールを入れる

ります。手を使うことは知性へ導くことです。子どもは目で見て考えて手を出してやってみる、うまくできるかいつも挑戦です。たいせつなのは、やろうと思うことが「できた」という思いを持つことです。そして、いつも繰り返して手を使うことに励むことです。

この心理的な達成感は人生の長い間、常について回るものです。それを思い、いま、できることは何だろうと子どもの手の動きを観察して、環境を準備したいものです。指の使いように合わせて教具を工夫し、手作りしてみるのも楽しいでしょう。

元園長であった髙根文雄（1934～2019）はスコットランドの解剖学者、チャールズ・ベルの言葉が大好きでした。いつも毛筆でこの詩を書いていました。それはいまなお、幼稚園の玄関に飾ってあります。

人間の手は、これほどまでに美しく形作られ、そ

形を選んで穴に合わせて落とす

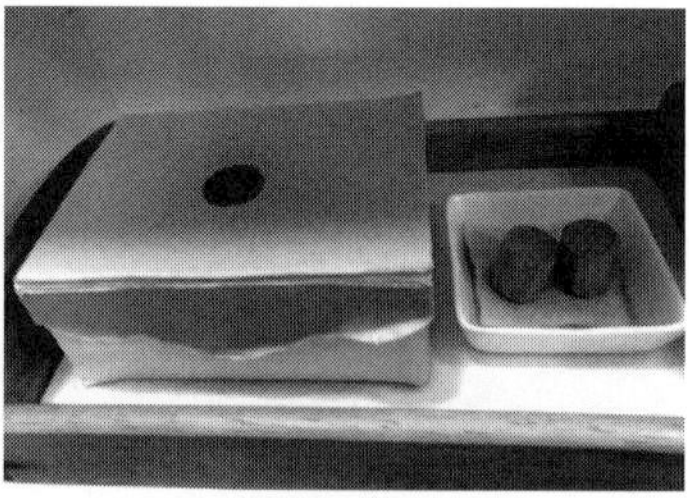

丸い穴に木の円柱を入れる

の動きは力強く、自由で、しかも繊細なため、道具としての複雑さを全く感じさせない。だから、われわれは呼吸するがごとくに無意識の内に手を使っている。

高根文雄はその最後のときまで、幼稚園の2歳児クラスの子どもたちと一緒に過ごしていました。とりわけ、「トライアングル」と命名した、子どもと自分で手がけた作業室で過ごす時間がお気に入りだったようです。話して聞かせてくれたのは、決まって子どもは手を使うことにいかに夢中になるか、という話でした。本人もその生涯、手を使い、子どもたちのために教具を作ることに夢中でした。保育園にも、幼稚園にも、エレメンタリースクールにも、髙根が手作りした子どもたちのための教具が溢れています。たとえば、子どもの使う机や椅子、教具棚、園庭の遊具、遊具入れ、運動会のためには大きな世界地図などなど。

どれもいまも健在です。常に手を使って子どものために木を

「TAKANE　KICKING　BALL」

切り、木を削り、木を磨き、最晩年には、２歳児の子どもの一人ひとりのために木製の車や飛行機をつくりました。子どもたちはその機体にシールを貼ることが大好きでした。これらは指先を使い、集中するおしごとの教具になりました。乳幼児のためにつくったキッキング・ボールは「TAKANE　KICKING　BALL」と呼ばれ、いまでも世界中で赤ちゃんの手と足の発育のお手伝いをしています。

Column ⑤

生まれながらのモンテッソーリアン?!

髙根文雄

私は８人兄弟の５番目として生まれました。上には２人の兄と、２人の姉がおり、幼い頃から、お兄ちゃんとお姉ちゃんのありがたさを感じて育ちました。やがて妹が２人、弟が１人できると、自分がそれまで兄や姉から教わったことを今度は自分が弟や妹に教えてあげる番でした。そうです。まさしく、生まれたときから「縦割り教育」が始まっていたのです！　僕は、生まれながらのモンテッソーリアンだったのかもしれません。

私の父は農業を営みながら、兼業で大工もしていました。家の中にはいつも道具がいっぱいでした。トンカチや釘など、工具はともすれば危険を伴うものですから、「子どもは触ってはいけないよ」とよく怒られました。それでも私があまりにも興味を示すので、父は私の手の大きさに合わせた「子ども用」の道具を作ってくれるようになりました。私はそれを使って「今日は何を作ろうかな」と考えては、いつも手を動かしている子どもでした。

当時はまだ「男子厨房に入るべからず」という古いしきたりが残っていましたが、母はなぜか、僕だけお勝手（台所）に入ることを許してくれました。それで幼い頃から大根を切ったり、芋を洗ったり。楽しんでお手伝いをしていました。

私が初めてモンテッソーリ教育と出会ったのは25歳過ぎのことです。大人になってから学び始めましたが、自分が子ども時代に体験してきたことでしたから、モンテッソーリ教育が本物の教育であることが即座にわかりました。同時に、自分が子ども時代にしてきた経験に「こんなに深い意味があったのか！」と心底驚いたくらいです。

なにせ、８人兄弟の渦の中でもまれましたから、自分の思い通りにならないことをたくさん経験しています。そこで待つことも覚えました。

また、兄姉を見ていれば、こうしたら親に怒られるなどということがわかってきます。無駄がないのです(笑)。縦割り教育のありがたさがわかったのは、小学校に通い始めた後だったでしょうか。いわゆる「横割り」の教室で初めて勉強するようになってからです。

自分の子どもが生まれたばかりの頃は、モンテッソーリがこんなに深い教育だとは気づきませんでした。それでも、兄妹で互いに助け合うことや手を使うことの大切さを、自分の子どもにも体験させたいと自然に思っていました。

いまでも「今日は何を作ろうかな」と考えたり、子どもたちが怪我をしないように、と週末に木の金槌を作ったり、短い釘をアレンジしたり。何を作ろうかなと考えて、手作りする時間がいちばん楽しいのですから。

たかね保育園にも横浜・モンテッソーリ幼稚園にも私が手作りした「おしごと」道具が溢れていますよ。子どもたちの発達に合わせて教具を開発するアイデアを考えることが楽しいのです。
この道具は子どもには重たいなとか、釘は長いのを使わず、打てばスポンと入る短いものに替えようとか。そのほうが、子どもに「できた！」という自信を持たせることができるだろうなどと考えながら道具の用意をすることが楽しくて仕方がありません。まさしくこれは子どもの頃、父が私にしてくれた原体験とつながっています。

子どもの頃に自分が楽しかったことをいま、子どもたちに返せるということは本当にしあわせです。「縦割り」からの恵み、子ども時代に無意識に吸収したことが私の人生のすべてだった。そう思います。

言語の発達

もうひとつの特徴である言語について考えてみましょう。赤ちゃんは折々に自分を取り巻く環境をじっと見て、耳を澄ませ、大人が話す言葉を吸収し、やがて発音をし始めて、1歳の頃には単語を発します。不思議なことに、努力なしで正確に母語を獲得していきます。音のなかでも、人間の言語だけを聞き分け、聞き耳を立てること、それを吸収して無意識の記憶に取りこみ、やがて時が来ればそれが自分のものとして使えるようになる、この力は、人間にのみ仕組まれた感受性です。

言語の発達を追ってみましょう。聴覚はすでにお腹の中から働いていてお母さんの声を記憶しています。生まれる2か月前からは外界から聞こえてくる音のパターン（トーンやリズムやイントネーションなど）を汲みとろうとしています。

誕生と同時に、お父さんとお母さんの声にはっきりと反応できる耳になっています。声を聞き、「ああ、この声だ」という心の拠り所を得て、安心感を覚えているのです。ただ、この時期は人間の声以外はどんな音も聞こえないのです。

2か月頃になると、クーイングといって、唇や舌を使わずに「あー」「うー」などと発声します。この時期はまだ母音だけ出しているといわれています。また、声のする方へ顔を向けるようになります。視覚が発達するに伴い、話し手の口元をじっと眺めて何となく同じように動かしていたりします。言語の発達に欠かせないことは、赤ちゃんのいる環境に言葉を話す人がいるということです。子どもの吸収精神によって人の話す言葉を聞き、話し言葉を準備しています。授乳のとき、おむつ替えのとき、お世話をするときには、ほほえみを持ってシンプルな言葉で話しかけてあげましょう。互いのコミュニケーションがたいせつです。

3、4か月頃になると、喃語《なんご》と呼ばれる、唇や舌を使って出す、より複雑な発声ができるようになります。6か月を過ぎる頃には、母音だけでなく子音がつきます。「ぶー」などの子音、「あうあう」「ばぶばぶ」など母音と母音、母音と子音をつなげた2つ以上の音も発声できるようになっているでしょう。一生懸命発語する姿が見られます。限りある音を自主練習しているのです。

4か月までには自分の周りで使われていない音が聞き取りにくくなります。シナプスの刈込みと同じです。おそらく聞こうとする気持ちが退化するのかもしれませんね。聴覚障害を持った子どもも、この時期は喃語を発しています。

6か月になると、周りで使われている音を再現しようと同じ音を何度も繰り返します。耳の聞こえていない赤ちゃんは、この頃に発語をやめるので注意が必要です。ぶるぶるぶると唇を震わせるなど、練習熱心です。この自主的な練習は離乳の際の嚥下能力にも関係する、たいせつなエクササイズです。

8か月頃から喃語に変化が起こります。いわゆる、分化された喃語です。多様な音の組み合わせを楽しむようになっていきます。

10か月頃には大人の会話のリズムをまねる赤ちゃんも見られます。「手を叩きましょう」など、大人が話している言葉の意味がわかるようになっていきます。一つひとつの反応から意味を理解していることがわかります。日本には古くから子守唄などがありますが、歌を歌ってあげると身体を動かして聞きほれている様子を示します。

1歳の頃には初めての意味を持った単語が現れます。「パパ」「ママ」「まんま」「バイバイ」など名詞の爆発期とも呼ばれます。こうした意味のある発語を耳にすると感動ですね。これまで言葉を吸収していたのですが、ようやくそれを表出するようになってきます。

1歳半の頃には、その物の名前が知りたいのか「指さし」をする時期があります。「これなあに？」と問いかけるようなまなざしです。声に出してその名前を教えると、そうだそうだと言わんばかりに聞き、また次の指さしをしていきます。こうして大人と子どもの間に言語によるコミュニケーションが始まっていくのです。

1歳9か月の頃は単語の爆発期です。子どもが「ボール、ボール」と言うとき、「ボールが転がってきたね」と文章にして受けてあげると、また、考えるようなそぶりを見せます。

2歳から2歳半の頃は文の爆発期、二語文で「パパ、行った」など、自分の気持ちを表すようになります。「そうね、パパ行ったね、パパいってらっしゃい」など、それなりに会話ができるようになるのです。

これまでずっと、赤ちゃんは聞いて理解することが先でした。さかのぼれば、お腹の中にいたときからずっと聞いていたのです。さまざまな言葉を吸収しながら、自分で一生懸命に発語の練習をし、24か月かけてようやく、自分の思うところを発語で表現できるようになります。

月齢はあくまでも目安です。正しく話せていなくても、聞きとめたことをはっきりした言葉でオウム返しにしてあげましょう。「違う、違う」と訂正していては、子どもは黙りこくってしまいかねません。

口の果たす役割はとても大きいのです。食べ物を摂るときにも、言語を話すときにも、赤ちゃんの「吸う口」とはお別れです。歩けるようになっている赤ちゃんが、乳母車の中でおしゃぶりをくわえさせられて、無気力な様子でいるのを見かけることがあります。また子どもの要求にそっぽを向いて、大人がスマホに夢中になっているとか、赤ちゃんを置き去りにしてテレビに聞き耳を立てているとか、思いあたりませんか？

「心理的無言症」といわれるのは、3歳や3歳半を過ぎても黙りこくって首を振るだけ、または単語ひとつで用が済んでしまう傾向の子どもです。子どもがうまく表現できなくても、心を閉ざしていても、いつもその心を言語で表現できるように、良き通訳者になってあげましょう。どんな片言でも、どんな言葉使いでも、そのままに聞いて受けとめてくれる人が必要なのです。

環境への適応

言語もそうですが、2歳になる頃には身の周りの大人たちの態度や立ち居振る舞いを取り入れ、環境に適応していきます。しぐさや立ち居振る舞いも無意識のうちに吸収して、自分のものにしていきます。模倣によって、自分が生まれた場所、時代、そこに属するにふさわしい、集団の一員としての振る舞いを自然に身につけていきます。

成長するとは自立の獲得です。子どもは知的になるために活動をするのではありません。自分の環境に適応するために活動したいのです。活動とは運動です。運動も言語も環境への適応も、動くことによって身につけていきます。

「適応という仕事は子どもにだけ課せられたもの」だと、モンテッソーリは言いました。子どもは運動に基づいて「人間としての特徴」を獲得していきます。だから子どもは動きたいのです。生命は止まることを知らないからです。

子どもは自発的に発達します。もし、私たちが子どもの成長を助けたいと思うならば、子どもが自然に発達できる環境を準備してあげることがたいせつです。

子育て中の親は、とかく隣りの子どもと比べて「わが子の発達が遅いのではないか？」と心配しがちですが、一人ひとり違ったその子のリズムがあります。いちばんたいせつなことは、わが子の成長をよく「観る」こと、大人はよき観察者になる必要があります。大人と同じことを子どもたちにさせようとするのではなく、むしろ私たちは観察する態度をとって、子どもの外面的なことをただ「見る」だけではなく、成長発達のための要求が今どこにあるのかを観察して、心の内面をよく「観る」ことです。

不自然な発達が招いた悲劇

少し気がかりなことは、子どもの自然な発達のサイクルが年々、後ろ倒しになっていることです。現代社会はＩＴの発達により何事も効率的でスピーディーにできるようになりましたが、こうした大変便利な環境のなかで、子どもの発達（たとえば言葉を初めて発するタイミングやおむつがとれるタイミングなど）が年々後ろ倒しになっていることは見逃せない事実だと思います。現代はモンテッソーリの時代とはもちろん大きく異なります。とはいえ、いま私たちを取り囲む環境が子どもの自然な発達を妨げるものになっていないか。良かれと思って手を差し伸べる援助が、かえって子どもの成長を妨げるものになっていないか。常に大人が自問する姿勢は忘れたくありませんね。

自然な発達のリズムが正しく機能しないまま子どもが大人になるとどうなるのか、この答えとして忘れえぬエピソードを紹介します。

先述した『いのちのひみつ』の著者であるモンタナーロ博士が生前、こんな事例を語ってくださいました。それは、モンタナーロ先生がアメリカで講演会をしたときのことでした。講演後、一人の母親が先生にそっと近づいてこう尋ねたそうです。

「私の息子は今年、15歳になります。実はまだおむつをしています。今日はどうすれば、おむつがとれるか。モンタナーロ先生にすがる思いで助けを求めてやってきました」

モンタナーロ先生はその母親の言い分を聞き終えると静かな声でたったひと言、こう言いました。「ノー」。そして続けました。「おむつはもう一生とれません」大変厳しいひと言でした。モンタナーロ先生はたったひと言でトイレットトレーニングのたいせつさを伝えていました。同時におもらしをさせたくないがための親の都合が優先され続けた結果が招いた、取り返しのつかない悲劇をも物語っていました。子どもがおもらしをして車のシートを汚すことを大人が嫌がることと、子ども自身がおもらしの経験を通じて「気持ち悪い」という感覚を経験すること。どちらがだいじか。大人は子どもの目線で考えることを忘れてはならないのです。

紙おむつは近年、どんどん進化しています。長時間装着できるように、濡れても「快・不快」がわかりにくくなっています。布おむつのよさは、濡れたら「気持ちが悪い」と感じられることです。とはいえ、やむを得ず紙おむつを選択しなければならない事情もおありでしょう。そんなお母さんたちに、私はいつもこんなアドバイスをします。まず、綿パンツを一枚はかせ、どうしても困るときだけ、その上に紙おむつをはかせてみてはどうですか、と。濡れるという感覚がわかるからです。

ごくまれに、夜寝ている間に、尿意を制御するホルモンがでない子もいます。最近では10歳くらいまででない子もいるそうです。この場合、どんなにトレーニングしても自分でコントロールできないのですから、かわいそうです。6歳過ぎた夜尿症は小児科で治療してもらうといいでしょう。10歳すぎて治らなかったら、泌尿器科での治療を奨められるそうです。

生まれながらの「いのちのちから」を尊重する

0〜3歳までの教育とは人間の進化そのものです。教師が行うものではなく、子ども自身が自発的に発展していく自然の過程といってよいでしょう。子どもは環境のなかの印象を感覚で捉え、環境のなかで経験することを通して身につけていきます。

この生まれながらの「いのちのちから」によって、子どもは最良のエネルギーを能動的に発揮しながら、自分で自分を建設していきます。

自然によって仕組まれたプログラムに従っている人間形成しているときの子どもは、生命の衝動に揺り動かされて、疲れ知らず、高揚し、嬉々として活動に励んでいきます。

そのときには大人はゆっくり待ってあげることです。赤ちゃんがひとつの物をじっと見つめるとき、子どもは穏やかな心で自分をつくっています。子どもは同じことを何十回も繰り返すことがあるかもしれません。そのとき、大人は子どもの召使いとして子どもにつき従い、見守る姿勢が必要です。生まれてからの3年間は最も精神的発達が促されます。

この時期に吸収されたことのすべてが、その人の精神の「幹」、いわば土台となります。日本のことわざにも古くから「三つ子の魂、百まで」とありますが、幼い頃につくられた性格は年をとっても変わらないことを、みごとに言いあてていると思います。

モンテッソーリは言いました。

「私たちはもはや、子どもが小さくて弱いから援助するのではなく、子どもが創造的なエネルギーを備えているから援助するのです」

「子どもは神秘的で驚くほど偉大な力によって導かれています[*2]」

ですから、私たちは人間の生命の何たるかを知ったうえで教育にあたらなければなりません。生命の法則に従い、子どもを尊重しましょう。大人は子どもの協力者となり、子どもの生命の持つ潜在能力がその時々、十分に発達できるように、環境を準備して力を貸してあげましょう。それには、その子どもの、そのときどきの内面の感受性を観察することが必要です。

特別な感受性

マリア・モンテッソーリは0～3歳の子どもを「無意識の創造者」、3～6歳の子どもを「意識的な建設者」と呼びました。自分を取り囲む環境を吸収する方法が3歳までと3歳以降では異なることをモンテッソーリは発見したのです。

0～3歳の時期のことは記憶には残りません。無意識の内に環境のなかにあるものすべてをそっくりそのままに吸収し、吸収したその印象は下意識に蓄えられます。赤ちゃんのとき、お母さんに抱かれてお母さんとの関係づくりをしましたね。そうした外界からの情報は、とくに努力することもなく無意識の内に取り込まれています。これが脳細胞に取り込まれて記憶されているのです。それは貴重な体験で、それが環境のなかに適応できていく基になっているからです。

3～6歳になると自我の発達に伴い、何事も意識にのせて選んで活動します。自分の目で見て自分で決めて体験していく時期です。また、0～3歳までに獲得した膨大な印象を分類し、整理づけ、正確にしたいという心が生まれ、手を使って繰り返し作業するうちに自分のなかに定着させていきます。これが意識的な吸収です。無意識から意識へ。この境界線は私たちの目には見えないものですが、意識的な吸収の土台は0～3歳の間に子どもの内側に生まれた特別な感受性によって決定づけられています。

私は毎日、たくさんの子どもたちと接していますが、「子どもは一人ひとり、なんて違いがあるのだろう」といつも思います。散歩のときにお花をあげてもポイと捨てる子もいれば、だいじに持って帰る子もいます。昆虫ばかり追いかける子もいれば、数を数えることが大好きな子もいます。それぞれに思いがある。その子の敏感期と捉えてもいいですが、星雲のように、ちらちらと瞬く、この特別な感受性が発動すると、3歳以降において自分を取り巻く環境のなかで「やりたい！」と生命衝動が湧き上がるような興味に出会うことができます。意識的に見つけ、自分で選ぶことができるようになるのです。それはその子どもの生命そのものであり、非常に強力な力で子どもを取り巻き、その子の精神の奥深くまで到達する、興味と熱心さを呼び起こします。

子どもの能力を大きく開花させるには、この感受性に気づくことがとてもだいじです。一見、めちゃくちゃないたずらに思えるようなことでも、子どもが手を使いたがっているようなら、思う存分させてあげましょう。

0〜3歳のうちに、たくさんの経験をさせてあげることで、子どもは3歳以降に興味を持ち、熱心に打ち込めるものの選択肢を広げることができます。

逆をいえば、その頃に経験していないことは、3歳を過ぎても子どもの興味関心にのぼらないというわけです。無意識に吸収した経験があるからこそ、時が経ったあと、意識的に環境のなかから選べるようになるのです。

＊1　『子どもの精神』吸収する精神　マリア・モンテソーリ著　中村勇訳　日本モンテッソーリ教育綜合研究所
第14　知性と手　P173

＊2　『子どもの精神』吸収する精神　マリア・モンテソーリ著　中村勇訳　日本モンテッソーリ教育綜合研究所
第3　成長の三つの段階　P35 P36

第3章　自由な体と自由な心を獲得する

この章では私自身が、毎日、横浜・モンテッソーリ幼稚園で子どもたちと向き合うなかで、感動した数々の体験を紹介しながら、子どもたちの成長を追っていきます。ただその前に、3〜6歳の子どもたちの特徴をもっとよく理解していただくために、回り道のようですが、この時期ならではの、ある現象について少しだけお話しさせてください。

3〜6歳は社会的胚子期

3歳の子どもたちにとって、子どもが自力で「できた!」「私にはできる!」と感じられることが、自立心の獲得につながります。これが、人格形成の上で大切な基礎となります。マリア・モンテッソーリが「社会的胚子期」と呼んだ、3〜6歳の時期の子どもたちは、さらなる自立のために必要な力を獲得していきます。それが「自由な体」と「自由な心」です。

その能力を獲得するため、0〜3歳の時期に見られたさまざまな敏感期は、引き続き子どもたちを導いていきます。とりわけ、3〜6歳の子どもたちを強く導く敏感期は大きく4つあります。

1つは、筋肉運動を調整するための「運動の敏感期」。

2つめは、五感を洗練させるための「感覚の洗練のための敏感期」。

3つめは、この時期の子どもの内面から強く湧き出るように表れる、「知的敏感期」です。
4つめは、社会性の敏感期です。

2歳半から3歳を迎える頃には、徐々に「これをやりたい」という意志が発達し、活動を自発的に選べるようになっていきます。それまでに無意識の内に吸収したことを、手を使って活動することで、意識のなかに定着しようとする衝動が湧き上がってきます。

感覚器官の発達が自然な生活のなかで援助されていると、子どもはやがて自ら環境を注意深く観察するようになります。自分の注意力をひきつけるものを自ら探し出し、秩序立てて感覚を使うようになります。発達の法則に基づいた生命からの語りかけに招かれ、さらに内なる知性の力に導かれ、次第に自分の頭で考え、創意工夫することを覚えていきます。

また、縦割りクラスのなかで他人への思いやりの心が芽ばえ、自然に育まれます。

これが3〜6歳において能動的な精神を築くための土台となるのです。と同時に、3〜6歳の3年間は、0〜3歳の間にうっかり見過ごしてしまった「落とし物」を取り返すチャンスでもあります！

「落とし物」とは、0〜3歳の間の敏感期を見逃して獲得し損ねた能力であり、眠ったままの魂といいかえてもいいでしょう。適切な方法で子どもたちに機会を与えることができれば、子どもたちの眠れる魂はふたたび目を覚まします。

子どもの「しごと」と大人の「仕事」

マリア・モンテッソーリは子どもたちが、目的を持って自ら行う活動を「しごと」と呼びました。「あそび」ではなく「しごと」というのには、もちろん理由があります。

大人が「仕事」というとき、たいがい生産的な労働を意味します。それは合理性や効率性が重視され、とかく「結果」が求められる傾向にあります。しかし、子どもの「しごと」は大人の仕事とは全く異なる目的を持っています。その目的とは、繰り返しになりますが、子どもたちが自分で自分をつくっていくことです。この時期の子どもたちにとっての「しごと」は「自分を建設すること」にほかなりません。

子どもを「しごと」へと誘うホルメの力

注目したいのが、この時期の子どもに強く現れる、「大いなる衝動」の威力です。この偉大な衝動の正体は、「ホルメ」と呼ばれます。

前章では子どもたちには「内なる先生」がいることを述べました。その能動的な発育を導くために、「いまだよ！」と、子どもたちをせきたてる「内なる教師」。それは子どもたちの内側に組みこまれた時計や時間割のようなものとお伝えしました。

この「ホルメ」は引き続き、さらに強力なパワーで子どもたちを刺激します。ホルメとは、すべての生命が持っているエネルギーのこと、植物の種をまいたとき、芽が出るのはホルメの力によるものです。いわば、「生命の衝動」であり、「自然の意志」といえます。

このホルメは子どもたちに自由な体と自由な心を獲得するために、「最大限の努力」をするよう、働きかけます。私たち大人は子どもたちが全身全霊で努力している姿に敬意を払い、自分で自分をつくっていくという環境を準備する必要があります。子どもが作業するにふさわしい空間とたっぷりの時間を与えましょう。

たとえば、子どもが大人を真似てピアノを弾こうとしても、すぐに上手に弾けるようにはなりませんよね。頭のなかで鳴っている音楽を再現したくとも、子どもの指や腕が鍵盤の大きさ、長さに慣れるまでには時間がかかります。

「わたしも同じように弾きたい！」という衝動に動かされ、繰り返し、正確に、慎重に、練習を重ねてこそ、弾けるようになるものです。発達途上にいる子どもたちは、「ひとりでできるようになるため」に、自由な体と自由な心を手に入れるための努力を決して惜しみません。大人は子どもがひとりでできるまで余計な介入をせずに、見守る忍耐が必要です。この点を頭の隅にとどめながら、子どもたちを見守ることで、いつもの子どもの行動が、きっと違って見えることでしょう。

心と体を統合する、随意筋肉運動

この時期に現れる「運動の敏感期」は、他のどの時期にもない、特別な目的を持っています。モンテッソーリ教育は子どもたちの「活動」をとても重視しますが、マリア・モンテッソーリが「運動」というとき、それは「随意筋肉運動」のことを指します。「ずいいきんにくうんどう」、思わず舌をかんでしまいそうな言葉ですが、子どもたちの活動をより深く理解するために、このキーワードはとても重要なポイントなので、ここで私なりの解釈を試みたいと思います。

3～6歳は、まさしく、この随意筋肉運動の調整期です。

この時期には子どもたちは、自分自身でその荒ぶる衝動をコントロールするのを学ぶ必要があるのです。情熱的な衝動と冷静な自制。この相反する2つのエネルギーを、子どもたちは「手を使うこと」で自ら調整する方法を学んでいきます。このだいじなタイミングで、「手」は子どもたちの無意識と意識のかけ橋を担っています。「随意筋肉運動の調整

郵　便　は　が　き

料金受取人払

名古屋東局
承認

２５０

差出有効期間
2025年
6月30日まで

＊有効期間を過ぎた場合は、お手数ですが切手をお貼りいただきますようお願いいたします。

461－8790

542

名古屋市東区泉一丁目15-23-1103

ゆいぽおと

いのちのちから
マリア・モンテッソーリが
ほんとうに伝えたかったこと　係行

このたびは小社の書籍をご購入いただき、誠にありがとうございます。今後の参考にいたしますので、下記の質問にお答えいただきますようお願いいたします。

●この本を何でお知りになりましたか。

□書店で見て（書店名　　　　　　　　　　　　　　　　　　　　　　）

□ Webサイトで（サイト名　　　　　　　　　　　　　　　　　　　　）

□新聞、雑誌で（新聞、雑誌名　　　　　　　　　　　　　　　　　　）

□その他（　　　　　　　　　　　　　　　　　　　　　　　　　　　）

●この本をご購入いただいた理由を教えてください。

□著者にひかれて　□テーマにひかれて

□タイトルにひかれて　□デザインにひかれて

□その他（　　　　　　　　　　　　　　　　　　　　　　　　　　　）

●この本の価格はいかがですか。

□高い　□適当　□安い

いのちのちから

マリア・モンテッソーリがほんとうに伝えたかったこと

◇◇

●この本のご感想、作家へのメッセージなどをお書きください。

◇◇

お名前　　性別　□男　□女　　年齢　　歳

ご住所　〒

TEL　　e-mail

ご職業

このはがきのコメントを出版目録やホームページなどに使用しても　可・　不可

ありがとうございました

期」の「調整」をひもとくとき、カギになるのはズバリ、「手」です。小さくてかわいらしい子どもたちの「手」です。

ホルメの衝動につき動かされるままでは、勢い余って自分の手を切ってしまったり、うっかり誰かを傷つけたりする可能性もあるでしょう？　そのとき、「注意深く力加減を調整して！」と腕や指先の筋肉に指令を出し、調整を行うのは、脳の指令に基づいた筋肉運動で、これが「随意筋肉運動」の正体です。

「ぼくは自分の手で見る」という感覚を理解する

子どもたちにとって、0～3歳が「自由な体」と「自由な心」を自ら「創造」する時期だとすれば、3～6歳は、「自分を建設する」時期にあたります。そのとき、手は五感と協応しながら、この発達の手助けを行います。

子どもたちは感覚によって環境を捕え、探検をします。外の世界と関係を築くとき、感覚と運動が伴います。見る、聞く、触る、味わう、匂いをかぐなど感覚器官が外界の印象をとらえ、その情報が脳に伝わり、すぐに脳からの指令が筋肉に伝わり運動が起こります。これは神経系統の伝達のしくみによります。脳の指令に基づいて働く筋肉は「随意筋」と呼ばれ、人の「意志」によって動いているというわけです。たとえば、見て「どんな感触だろう」と思うと、子どもは手を伸ばして触ってみます。「そうか、ふわふわなんだ！」と手の感触で理解します。この時期の子どもたちは、手を使ってその物を調べてみたい、比べてみたいと、手が動く時期なのです。

自分自身の最大限の努力と手の協応によって、3〜6歳の子どもたちは、それまで無意識に吸収してきたあらゆることを、手を使うことによって調べ、理解したことを徐々に意識にのせ、定着させていきます。たいへん興味深いことですが、この時期の子どもたちはよく「ぼくは、自分の手で見るから」と口にします。大人になってしまった私たちには、ただちに理解しにくい感覚かもしれませんが、このフレーズはマリア・モンテッソーリの著書にもしばしば登場します。

「ぼくは、自分の手で見る」

子どもたちは確かに「手で見る」という感覚を持っています。この事実は、世界的に見ても、子どもに共通する普遍的な傾向であることが科学的な知見からも明らかになっています。子どもにとって「手」がどれほど重要な役割を担っているか。本章を読み進めるうちに、きっとご理解いただけることでしょう。

適切な環境を整えるとは？

3歳から6歳の頃は、精神が大きく豊かに育つ、とても重要な時期です。モンテッソーリは子どもの自己実現を援助するための環境の準備をとてもたいせつにしています。

子どもには一人ひとり異なる個性があり、それぞれのテンポ、リズムがあります。それを尊重しながら、子どもが知的好奇心によって自らの意志で選んだ活動、子ども自身の内的動機に沿って自らをつくりあげていく活動ができるように、大人が環境を準備することで彼らを援助します。モンテッソーリはこうした環境を「整えられた環境」と呼びました。

環境が整えられていると、そこで子どもは「自由に活動する」ことができます。子どもは精神的な満足があるときには、食べることさえ後回しになってしまうほどの「しごとに対する愛」「環境への愛」を持っているのです。またこの時期の子どもたちの好奇心は、環境からあらゆることを吸収し、意識的に人間の文化のなかに参加していきます。これこそ、「社会的胚子」の特徴を物語るものです。

努力を惜しまないこの時期に、発達を導くための環境を準備すること、そこで適切な子どもの援助をすること、子どもの発達の妨害になるものを取り除くことが、私たち大人の責任です。

子どもたちはこの世界に適応し、自立して生きていけるように、自分を取り囲む環境で起きているすべてのことを、「自分でできる」ようになりたいと願っています。ですから子どもたちのこうした願いをかなえるためにも、大人は子どもが求める活動ができる環境を整えることが必要であり、それが援助につながります。

モンテッソーリがいう環境には、物的な環境と人的な環境があります。子どもたちを取り囲む私たち大人もたいせつな環境なのです。

ここでは主に物的環境について述べます。人的環境については第5章の「提示の技術」で大人の役割として述べます。

私たち教師が準備するクラスの環境は狭すぎず広すぎず、子どもが生活するに当たって子どもの記憶に残る範囲が良いでしょう。教材は、子どもの敏感期の興味に合わせて少しずつ発展させていきます。子どもの発達に合った適切な環境ができていれば、子どもは自分自身で困難を乗り越えていくものです。すべての教具に子どもが認識できる概念、目的が含まれています。繰り返して使っているうちに教材の意図する目的が心に入っていきます。

活動の動機は子どもの要求に従い、随時、変化をさせていきます。教材は多ければよいというわけでもありません。ときには制限することも必要です。制限することで教材に向けられる子どもの注意力がさらに高まることがあるからです。

置かれているものが、活動する子どもの手のサイズに合うことはとてもたいせつです。

教具を手にした子どもが、使いやすく、「うまくできた」という体験がしやすいように。

また物自身が美しく、魅力的であることはさらに重要です。美しいものたちは、ただそこにあるだけで子どもたちの魂に「私を手に取って！」「傷つけないようにたいせつに使って！」と、直接語りかける力を持っているからです。使った後は、ものたちの「元に戻してね！」という声が聞こえるように、環境を整えることも忘れないでください。

環境は、子どもの奥底に潜む秩序への要求を刺激します。教材は、いつも秩序に従って棚に用意されていること、それが子どもの活動に秩序を呼び覚まします。

世界中にあるモンテッソーリのクラスでは、環境を構成する5つの分野の教材が用意されています。日常生活の練習、感覚の教育、数の教育、言語の教育、文化の教育の5分野です。教材は、その領域ごとに棚に置かれます。子どもを観察しながらこれらを準備するのは、モンテッソーリ教師の重要な仕事なのです。それでは具体的にそれぞれの分野についてみていきましょう。

「日常生活の練習」が生まれた背景

1907年にサンロレンツォの子どもの家で、モンテッソーリが最初に預かったのは、スラム街に住む、とても貧しく、手に余るような子どもたちでした。

20世紀が始まったばかりのこの頃は、乳児の死亡率も大変高く、衛生面においても劣悪な状況で、毎日お風呂に入る習慣もありませんでした。そこで、モンテッソーリは教室を清潔に保つためにバスタブや水桶を置き、教室に入る前に顔と手を洗うようにしました。

あるとき、一人の子どもが何度も何度も手を洗っている様子を見たモンテッソーリは、観察中に、「手を洗うことを繰り返すのは、心の中に目的があるのではないか」と気づきました。単に手をきれいにするだけではなく、洗うということへの興味そのものが意味のある目的なのではないか、と。一つひとつの動きにはつながりがある。この動きの連鎖に興味をもち、集中して観察したことが「日常生活の練習」のはじまりとなりました。

モンテッソーリは子どもサイズで子どもの力の強さに合わせた道具を用意し、子どもたちが自分のペースで活動できる環境を整えました。そして、それらを日々の生活に関連する日常生活の練習として組み立てていったのです。

日常生活の練習は自立へと導く

2歳半から3歳に向かう頃、子どもは身体全体をさまざまに動かして活動的になっていき、つねに動き回りたがります。彼らは何でも触りたいし、何でも知りたがります。実は、この頃に環境のなかでたくさんの経験をすることが重要なのです。こうした自分の意志から出てくる運動は随意運動です。随意運動は知性の発達と精神の発達をもたらします。ですから私たちはこの動きたいというエネルギーを上手に使うように助け、正常に発達するように導くことがたいせつなのです。

子どもは大人のすることに興味を示し、じっと見つめています。着ること、食べること、洗うこと、食事の用意をすることなど、さまざまな大人の活動を観察して、そっくりに真似をし始めます。いわゆる模倣の時期です。模倣はそれが自分で選んでする知的なものであれば、子どもが自分の環境に参加するための手段になります。

子どもたちが大人の活動の真似ができるようになるまでには、少し時間がかかります。幼稚園に行くためのかばんの準備も、最初は子どもの見ている所で、すべて見せてあげましょう。着替えの下着は、一枚一枚たたんで重ねて、お着替えのかばんに入れます。「やってみる?」の誘いかけに手が出たらなにより、できるところからまかせてみましょう。大人はついつい子どもを急がせてしまいがちです。子どもがほんとうはやりたいと思っている活動を、大人が代わりにしてしまうということがしばしば起きています。

大人が子どもの気持ちになり、できないところだけはさりげなく手伝い、自分でできた活動のよろこびを一緒に喜び、受け止めることです。子どもにはさらなる自信ができてくるでしょう。

たとえば着る服を選ぶ時間を十分に与えず、大人のほうでコーディネートを決めてしまうなど、思い当たることはありませんか？　子どもたちは自分で今日着ていく服や履いていく靴を選びたいのです。

いっぽう、子どもがほんとうはやりたいと思っている活動ができずにいると、その時期に獲得すべきものが子どものなかからすり抜けてしまいます。たとえば、子どもが洗濯ばさみの開閉に興味を持ったとします。ところが、やってみるとなかなかうまくいきません。ついつい「こうやるのよ、見ていてね」と大人は口と手がでてしまいますが、まずは子どもをよく観察することです。子どもが困難を感じているポイントを見極め、そこだけをゆっくり分析し、示してあげることが肝心なのです。そして何度も繰り返せるように十分な時間と機会を与えてあげましょう。繰り返し行うことで、子どもの探求心がじょじょに満たされていきます。

子どもの果てしない活動への欲求

モンテッソーリのクラスに入ると、お盆に小皿と容器がのせてあり、ピンセットやスプーン、お箸などが並べてあります。子どもは道具を選んで「分ける」「移す」などのしごとをします。ほかにも、紙や布を切る、貼る、折る、縫うなど、さまざまに手や指先を使う活動が選んでできるように、準備されています。子どもは指先の洗練ができてくるに従い、より自由に体を使いこなすことを覚えていきます。

クラスで、最初にする活動は日常生活の練習となります。家庭でも行われている活動なので、子どもたちに馴染みのある道具がたくさんあります。

子どもたちにとって、これまでよく見知った家庭の「もの」たちは新しい環境への橋渡しをしてくれます。クラスで使われるのは子どもの手のサイズに合った、ちょうどいい大きさと重さの道具です。

モンテッソーリはすべてほんものであることにもこだわりました。落としても割れないプラスチックではなく、丁寧に扱わなければ壊れてしまうピッチャーやボール、子どもの手の大きさに合う美しいコップを用意するというように。

自分でやってみたいおしごとを自由に選んでできるように、すぐに探し出せるように、その道具はいつも同じ場所に整えられています。子どもの目線から教具がよく見えるように、子どもの背丈に合わせた低い棚に順序良くきちんと並べます。このような環境をつくるのは大人の仕事です。いつもあるべき場所にあるものがないと、子どもたちはすぐに気づきます。子どもたちは正しい場所にそれを整えたいという気高い動機を持っており、秩

右：「掃く」おしごと
左：ごしごしお洗濯

序は子どもをおしごとに誘う、もっとも強い刺激です。

よい環境を整えるためのさまざまな工夫

ごますり、大根おろし、キュウリ切り、こうした活動も子どもたちは好んでします。刃物は危険なものと思われており、大人はなるべく目につかないところに隠してしまいます。ですが、子どもがそれを危険なものであると、気をつけて神経を集中して注意深く取り扱うように導きます。子どもの手と子どもの能力に合わせてしっかり準備してあげると、子どもでもキュウリを上手に切れるようになります。最初はキュウリが転がらないように、また切りやすいように縦半分にして準備しておきます。さらに長さを半分にしますと、子どもの手の大きさにちょうどいいですね。3歳の子の手の大きさでは、キュウリまるまる1本の長さは持て余してしまうからです。

包丁の持ち方、切り方の提示は非常に慎重にします。行動の分析をしながらゆっくりと見せます。包丁を右手に持てたら、左手はまな板の上のキュウリを丸い手にして押さえ、包丁は向こうから手前へと動かし、ゆっくりと切ります。切れたキュウリは包丁についていますので、そのまま包丁を右へ動かしてからキュウリを左の手でまな板の上にはがしておきます。これで一回切れました。

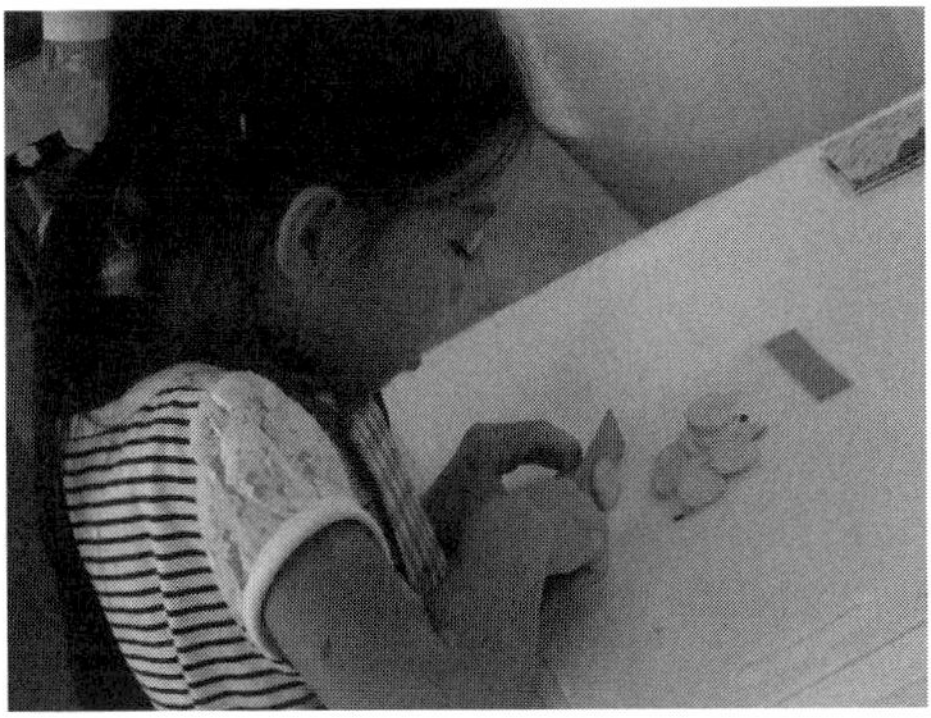
「キュウリを切る」おしごと

初めてその活動をするとき、「切れた」という体験はとてもたいせつなのです。嬉しいのです。ですから大人はその体験がかなえられるよう、子どもが安全に物を扱えるように準備する必要があります。
キュウリが上手に切れるようになったら、じょじょに新しい興味の対象をつけ加えてみましょう。たとえば、にんじんや大根を切る機会を工夫しましょう。切ることがすっかり上手になったら、皮を剥くという活動に誘うのもよいでしょう。
子ども自身が興味を示してやりたそうにしている

とき、やり方を教えてと言うときには、子どもが受け止められる動きで、ゆったりとやり方を示してあげればよいでしょう。このとき、口で教えるのではなく動きで示します。この時期の子どもは言葉で説明されても、やり方を正確に受け取ることができないからです。自分の目でじっと見て、一つひとつの動きを感覚的に目から吸収していきます。この時期の子どもの目は、身の回りの世界へ開かれた最初の入り口です。

運動の調整ができるようになる

日常生活の練習には手を使う活動がたくさんあります。手の力加減をコントロールするための「運動の調整」という大きな目的があります。小さな子どもには動き回らずにはいられない欲求があります。3〜6歳のクラスには、ピッチャーに水を注ぐ、お茶碗を洗う、スポンジを絞る、机を磨く、布を洗うなど、子どもたちが本能的に大好きな、たくさんの水しごとが取り入れられています。入園したての年少さんが水場で活動をすると、床がぬれることがあります。それはまだ力加減をコントロールできないからです。ですが、さまざまな日常生活の練習をする過程で、両手をバランスよく使うことや手首と肘、腕全体の動きを調整することを学んでいくと、しだいに床をぬらすことなく、水を扱うことができるようになります。

さらに、ピッチャーに汲んだ水を一滴もこぼさないように注ごうと、子どもは注意しながら真剣になります。もう一回もう一回と繰り返し練習するのです。集中現象があちらこちらで見受けられるようになります。

集中する子どもが現れてくると、クラスが静けさで満たされます。この静けさは子どもたちが醸し出すものです。このようなとき、子どもは内面で知性を育てているのです。と同時に、筋肉が調整され、じょじょに思い通りに体を動かせるようになっていきます。たいへん時間がかかりますが、見守る姿勢が大切です。

自由に選んだおしごとを十分に味わいつくした後に、突然ざわめきが訪れることがあります。それは次のおしごとを求める合図だと私たちは受け止めています。

そこで少しずつおしごとに困難性を入れることで興味を持続させ、好奇心を引き出せるように大人が工夫する必要があります。

たとえば、ピッチャーからピッチャーへの開け移しの練習にしても、ピッチャーの大きさを変えていくこともできます。なかに入れる豆の種類を変えると、その音の変化にひきつけられます。大きな豆から小さな豆へ、お米から砂へ、最後は水へと、じょじょに困難性をあげていきます。すると限りない好奇心が刺激されるのです。

手本を見せるのは一度だけ。あとは子どもがするに任せます。教えなくても、子どもは「もう少し腕を高くして水を注いだらどうなるかな」など、自分で工夫しながら知恵を身につけていきます。

腕や手を使ってできることが増えていくと、今度は次第に指先の細かい作業に興味を示すようになります。紐通しにしても玉の数が少しずつ増える、玉のかわりにビーズを使い、それもだんだんに小さくなるなど、絶えず変化を入れてはどうでしょう。のり貼り、はさみ切り、縫いさしなどでも同じく大人の工夫が大切です。はさみを使って上手に切るためにはよく見なければなりません。目と手の協応動作を育むために、子どもたちがいつも新鮮な気持ちで活動に取り組めるために、変化を入れて環境を準備することも、大人の役割のひとつです。

「正確にやりとげたい」という崇高な目的

長く子どもたちと接していますと、日常生活の練習の一つひとつは、「より正確にやりとげたい」という内なる欲求が刺激されているのかなと思える場面をしばしば目撃します。

こんなことがありました。毎日はさみ切りの練習をしていた3歳の男の子が、ある日、カブト虫の絵の切り抜きに挑戦していました。線に沿って、一生懸命にはさみを動かしていきます。微細な足の部分を切るときは、まさしく真剣勝負です。ときどき「むずかしいよう」とつぶやきながら、左右対称に3本ずつ生えた、その細かい足を注意深く、慎重に切り抜いていきました。ところが最後の最後でうっかり足を切り落としてしまったのです。そのときの悔しそうな表情が、いまでも忘れられません。そこにあるべき足が切り落とされてしまい、ない。よほど悲しかったのでしょう。肩を落として、「はあ……」と大きなため息をついていました。しばらくは放心状態でしたが、ふと、ひらめいたように立ち上がりました。するとセロハンテープを持ち出し、切り落とした足を大事そうに注意深く、あるべき場所に留め始めたのです。元通り、足がくっつき、そこでようやく笑顔がこぼれました。

まさに、「正確にしたい」というこの年齢の子どもの内面の要求を満たしてくれる活動です。子どもが正確さを愛するこの時期に、大人は動きを見せる際、一連の動きのなかで意識して一つひとつの動作を分析し、子どもが習得できるように難しい部分をゆっくりとやって見せます。

「漠然とした動きは、大雑把な役割しか果たせません。しかし、そこに完璧に行うという動機を加えると価値が高まります[*1]」

自分で選んだ「おしごと」を何日も繰り返し練習するなか、子どもたちはしばしば、大人が目をみはるほどの集中力を発揮することがあります。ただ漫然と目的のない作業を繰り返すだけでは、子どもの心と身体に活動が深く入り込んでいきません。より細かい部分、より正確さを求める練習をすることに、子どもは魅力を感じているのです。運動の調整をしながら、心と身体を統合させているのです。こうした集中から来る自己自身のコントロールも、日常生活の練習に含まれます。

手の発達は知能の発達と歩調を合わせる

手の発達は精神に依存しているにちがいありません。ですから、手の能力の発達は知能の発達と歩調を合わせています。

「子供の知能は手を使わなくてもある水準迄は達するのですが、手を使う活動によって更に高い水準に達し、自分の手を使う子供は更に強い性格を有する、と言えます[*2]」

手は子どもたちの知性と環境を結びつける重要な役割を担っています。運動の敏感期にいる子どもたちは、年齢に応じてより複雑な複数の動作をこなせるようになっていきます。

単に動きを習得するだけでなく、その動きは精神に関係しています。感覚器官で吸収した印象は脳に伝わり、意志が働いて、そこへ向かって筋肉運動が起こり、そこで得た印象がまた脳に記憶されます。こうして手を動かすことは脳を発達させ、同時に精神を育んでいきます。精神的発達は運動に基づいてなされるのです。まさに3〜6歳のこの時期、筋肉と神経は決定的な建設の時期にあります。注意深く、慎重に、正確に、このような尊い動機(目的)があるからこそ、練習が精神の奥に深く入り込む貴重な「体験」となっていきます。

子どもたちは、金属を磨く、机を磨くなど、長い集中力を必要とする活動に興味を示すようになります。金属を磨くときには、ピカピカに光を放つまで本当に根気よく磨きます。机を磨くときには、ブラシに身体中の力を込めて、ごしごしと真剣に汚れに向かいます。きれいになったかと思えばまた汚れをつけて、もう一度身体中の力を込めるのです。まさにこの姿は真剣に自分で自分をつくっている子どもの姿です。

繰り返しのなかで、さらに動作の一つひとつが洗練されていきます。こうした指先の微細運動はスプーンを上手に使うことだけでなく、お箸を上手に使って食事をすることや、いずれ鉛筆を持って文字が書けるようになる準備でもあるのです。子どもたちが文字をよろこんで書くためには、こうした「柔らかい手、軽い手、決まった手」が準備されていることがたいせつだとモンテッソーリは言っています。

また、これらの一連のサイクルを持つ日常生活の練習は、順番に最後まで活動を進めていこうとする意志の力をも発達させます。順序立てて考える力は論理的思考を育んでいきます。

この年齢のときにこそ、子どもたちが喜びをもって活動に向かえるように、たくさんの活動を経験できるように関心をひくことが、大人のたいせつな役割となります。

この時期に正確さを愛するように育った子どもたちには、内面からの規律が育っていき、人格が形成されていきます。

社会に適応し、自律できる子ども

こうした活動を積み重ねていくと、子どもたちは徐々に順序性のある一連のおしごとへと導かれていきます。たとえば「食卓の準備」などでは、大きな子ども、小さな子ども、それぞれにふさわしい作業を受け持ちながら協力することができます。子どもたちは、お友だちのために給仕することもたいへんな喜びなのです。どのような順番で食卓の用意をするか頭をめぐらしますし、テーブルクロスを汚さないように慎重にお茶のサービスをします。

このようにお友だちとの自然な協力のなかで、子どもはそれぞれに自分の能力を最高に発揮し、自己充実できること、ベストを尽くすことに満足感を抱きます。この意味で、日常生活の練習は「僕も（私も）誰かのお役に立ちたい」と、自然に社会性を育むことのできる、かけがえのない機会となります。

日常生活の練習の目的は、単に個人を建設することだけにとどまりません。もう一つの尊い目的について触れておく必要があるでしょう。それは社会性の獲得です。さまざまな練習は、環境をよりよく探求することで、子どもたちが心から安心できる、自分の居場所を見つけていくための間接的な準備といえます。まずは家庭のなかで、またはクラスのなかで、人と力を合わせて何かをする、協力して何かをする、その心の芽ばえです。

モンテッソーリのクラスでは3〜6歳の子どもが一緒に同じ教室で学ぶことができる縦割りクラスの編成になっています。3歳の子どもは年上のお兄さんやお姉さんの活動をよく見て、真似をしたがります。たとえばエプロンの紐を結んだり、机をふいたり。最初のうちは上手にできなくても、お兄さんやお姉さんが手伝ってくれるうちに、しだいにやり方を覚えていきます。「ありがとう」「どういたしまして」。最初のうちはその言葉がでてこなくても、心の通い合いが互いの成長を知らず知らずのうちに手助けしていきます。年下の子どもたちは「お兄さんやお姉さんのようになりたい」という尊敬の気持ちが、年上の子どもたちには「誰かのためにお役に立ててうれしい」という他者への貢献の心が、それぞれ自然に生まれるからです。

子どもは身近なグループ（社会）のなかで自分の居場所を見つけられて、初めて他者と関わることができるようになります。日常生活の練習は、自分の生まれ落ちた社会文化への適応につながっていきます。ですから、国によって、地域によって活動の内容にも特徴が出てきます。日本であればスプーンよりもお箸を使うなど、それぞれの国に特有の生活環境があります。モンテッソーリの教具は世界共通ですが、日常生活の練習に関しては、その国の生活に、文化のあり方にまかせて教具化するよう、モンテッソーリは促しました。

このような毎日を過ごし、やがて幼稚園を卒園していく子どもたちを見るたびに思うことは、子どもたちの精神には確かな自律心が備わり、真の自由を持ってすべての人のなかで過ごしていく人格の形成ができた、ということです。子どもは自分と世界を信頼で関係づけ、主体的に社会と関わることができるようになっていきます。まさに縦割りクラスという環境があってこそ、社会的胚子は育つ、ともいえましょう。

知的探求心に応える、さまざまな教具

3～6歳の間には、子どもを導く重要な敏感期が3つあるとお話しました。

ひとつは筋肉運動を調整すること。2つめは五感を洗練させること、3つめは知性の

発達です。

モンテッソーリはこうした子どもの欲求にこたえるため、「おしごと」の道具（教具）を長い時間をかけ、改良開発し、子どもたちのために準備しました。ここまでで、日常生活の練習が子どもたちのこうした欲求にこたえるための尊い「おしごと」であることが、ご理解いただけたのではないでしょうか。

3つの敏感期はそれぞれ重なり合いながら、子どもたちを刺激しますが、とりわけ知性の発達を誘う敏感期における子どもたちの内的エネルギーは強烈です。知性は他の動物と違い、大きな脳を持って生まれた人間だけに備わった能力だからです。知性の発達は手の発達と分かちがたく結びついていることに着目したモンテッソーリは、子どもたちの果てしない知的好奇心を満たすために、手を使う教具を次々に編み出していきます。それらは今日、感覚教具、数の教具、言語の教具、文化の教具と呼ばれる教具たちです。

感覚教具は内面の発達の道しるべ

0〜3歳の間に吸収した膨大な印象を3〜6歳では整理づけ、精神に秩序と明確な道筋を与えることが必要になります。その援助として、モンテッソーリはこの時期の子どもたちに「感覚教具」を用意しました。子どもは手を使って教具を扱い、正確性を求め、繰り返し活動します。
これらの活動を通じ、子どもたちは自ら感覚を洗練させ、自ら概念を獲得し、より研ぎ澄まされた眼を持って外界を探検していきます。その「変容」の過程はまさしく、奇跡です。

感覚教具は科学的な裏付けのある教具です。セガンとイタールによって発案された教具を、モンテッソーリは長い観察によって、子どもたちの内面から出てくる必要性に応えるものかどうかをしっかり吟味し、選別して唯一無二の教具へと編み直しました。

彼女が編み出した新しい感覚教具を用いるうち、障害を持った子どもたちが目を見張るほどの発達をし始めました。それればかりか、健常者の子どもたちよりも高い能力を獲得していく事実をモンテッソーリは目撃することになります。

この経験を通じ、モンテッソーリはこう考えました。五感すべてが等しく開かれている状態が、必ずしも子どもたちの感覚の発達をうながす援助になるとは限らない。ときにそれは感覚を分散させてしまうことにもなる。よりよい発達を導くためには「感覚を制限する」必要がある、と。

前にも述べましたように、ここで感覚教具の誕生にさかのぼります。モンテッソーリの着想の源は、もともと障害を持った子どもたちの援助のために、セガンやイタールによってつくられた感覚教具でした。ですが、なかには子どもたちに見向きもされない教具も少なくありませんでした。教具に問題があるのではなく、使い方に問題があると、モンテッソーリは考えました。そして、長い観察により、子どもたちの内面から出る必要性に応える教具のみを残し、よりオリジナリティあふれる教具へと改良していきます。

そこで、モンテッソーリは教具を選別するとき、次のようなことに着目しました。

① 一感覚を孤立化させるものであること
② 質を孤立化させるものであること
③ 数が制限されていること
④ 美的であること
⑤ 誤りの自己訂正ができること

「一感覚の孤立化」とは何か？

モンテッソーリは、感覚教具を「具体化された抽象」と呼びました。いずれの教具も際立った、ひとつの質（抽象）を持っています。そのため、教具を用いるとき、「一感覚ずつ、感覚を孤立させる」ことを、モンテッソーリはとても重要視しました。

モンテッソーリは五感（触覚、視覚、聴覚、嗅覚、味覚）のうち、とりわけ、触覚、視覚、聴覚、の三感覚の洗練に注目し、嗅覚と味覚を補助感覚と位置づけました。後者の感覚は腐った食べ物を口に運ばない、自分を攻撃する危険を瞬時に察知するなど、より本能的で生きていくために必要な補助感覚と考えたようです。では触覚、視覚、聴覚の三感覚を洗練するための教具にはどのようなものがあるか、具体的に見ていくことにしましょう。

たとえば、触覚の洗練を誘う布合わせの教具に誘いますと、子どもたちは自然に目をつぶります。シルク、綿、ビロードなど素材違いの布が持つ、それぞれの質感（つるつる、すべすべ、ザラザラ）を、子どもたちは手触りだけを手がかりに味わいたいのです。ときには「目隠ししても見えるよ！」と自慢しながら、より精密により正確に、選り分けていきます。

たとえば、聴覚の洗練を促す感覚教具である音感ベルは、見た目はどれも全く同じですが、注意深く、集中して耳を澄ますことで、微細な音程、音階の違いを聞き分けられるようになるのです。このとき、聴覚の練習は「静粛」から始まります。息をひそめ、静止した状態でなければ、小さな音の違いは聞き分けられないからです。子どもたちはこの活動を通じて、動いているものしか音や騒音を出さないことを知覚していきます。また一感覚の孤立化の活動を行うことで、子どものなかの完全でない器官を早期に見つけることができると、モンテッソーリは確信していたようです。音の違いを聞き比べる雑音筒の活動をしますと、確かに、教師は難聴の子どもに気づきやすくなります。

次に「質の孤立化」とは何でしょうか。ものにはさまざまな特徴があります。色、形、大きさなど教具はその一つの質だけを取り出しています。たとえば、色の識別教具である、色板はそれぞれの色を視覚的に際立たたせるため、白い縁がついているだけの、たいへんシンプルな形をしています。赤、青、黄色の3色からはじめ、じょじょに緑、オレンジ、ピンク、茶、紫、白、灰、黒へと色の種類を増やしながら、やがて色の濃淡の漸次性（グラデーション）を探す活動へと進んでいきます。

たとえば、ピンクタワーは視覚的に大きさの違い（3次元の違い）が際立つように工夫されています。10個の立方体の色や材質はみな同じに作られています。子どもたちはピンクタワーが大好きです。何度も繰り返し、見て、触れていくうちに、子どもたちの感受性が反応し、大きさの違いを見分ける識別感覚が自然に研ぎ澄まされていきます。

感覚教具ではその要素が「制限される」ことで、正確さを求める時期にある子どもたちの感覚はより研ぎ澄まされ、印象は魂に深く入り、知性へと導かれていきます。教具の数は10個に制限されています。たとえば、ピンクタワー、茶色い階段、赤い棒、いずれも10です。これが十進法につながっていきます。また、棚に準備される教具はいずれもたったひとつだけ。クラスという環境のなかで数が制限されています。こうすると、自分がおしごとをしたいと思ったとき、ほかのお友だちがその教具を使っていれば、待たなければなりません。モンテッソーリは待つことを覚えるのもだいじなおしごとだと考えたからです。

お友だちがおしごとをする時間を尊重して待つこと。同時に、自分が心ゆくまでおしごとをする時間を尊重して待ってもらうこと。この両方の過程を体験することで、自発的な精神生活を繰り広げ、豊かな人格を築いていきます。

どの教具もそのデザイン性、形、手触り、いずれの面でも美しく、存在感があります。すべての教具に「美的であること」が貫かれており、私は使うたびにモンテッソーリの天才性に感動せずにはいられません。これらの教具はすべて、「発達のための教具」だということを忘れないでください。「感覚の洗練」の敏感期にある子どもたちが教具を使うことで、自分自身の内面の発達をうながせているかどうか、大人たちは見守る必要があります。感覚教具は単なるおもちゃではないからです。

おもちゃと大きく異なる点として、教具自体が「誤りの自己訂正」を告げる教師であることも特徴的です。教具自体が、自分で過ちに気づいて、訂正できるようにつくられています。たとえば、はめ込み円柱などがわかりやすいでしょう。段階的に大きさの異なる穴と長さ、太さの異なる円柱を出し入れするシンプルな教具ですが、子どもたちは飽きずにこの活動を繰り返します。穴に円柱が入らなければ、「あれ？　なんで入らないのかな？こっちの穴はどうかな？」と自分で考え、やり方を工夫する機会を得るわけです。つまり、人に助けてもらわなくても、自分で誤りだと理解でき、うまくいったときは、それが正解だと気づける。そのように教具が設計されています。感覚教具はまさしく、「先生」となって子どもたちに「うまくいったね」「ちょっと違うよ」と話しかけ、子どもの自立を促してくれるのです。

つぎに、それぞれのエリアについて見ていきましょう。

◆数の教育

この時期の子どもは何を見ても「1、2、3……」と数えたがります。

モンテッソーリの数教育の大きな特徴は量と記号（数字）を一致させるところにあります。子どもが1～10まで数えられたとしても、1の量と10の量の違いを感覚的に受け取っていなければ、それはただの言葉遊びにすぎません。歌をくちずさむように数えられても、数を理解したことにはならないと、モンテッソーリは考えたのです。

あまり知られていないことですが、子どもは2歳半をすぎるとテーブルの上に複数のおまんじゅうがあれば、いちばん大きいまんじゅうを瞬時に選ぶことができる感性が育っています。この識別能力はまぎれもなく数学的頭脳の芽ばえです。子どもたちは注意深く観察できる目で物の大きさや量を比較し、数という謎の記号から意味を引き出そうとします。数学的才能に秀でていたモンテッソーリは、数の教具に十進法を用いて、子どもたちを数の神秘へと巧みに誘いました。

数の棒や紡錘棒や数字と玉など、1~10を量として体験する活動を十分に行った後、子どもは美しい金のビーズ（量）と数字のカード（記号）を用い、2つを並べて関係づける活動へと進みます。ここには十進法の紹介という隠れたテーマが潜んでいます。

最初のうちはそれぞれを1~9まで、10~90まで、100~900まで紹介し、最後に2つの関係を一致させる活動をします。

これは、2人の子どもでじゅうたんを敷いて始めます。ひとりは1のビーズ玉9個と、10のビーズ棒9本と、100のビーズの板9枚と、1000のビーズの立方体1個をのせたトレイを運んでもらいます。もうひとりの子には数（1~9、10~90、100~900、1000）の書かれたカードをトレイに入れて持ってきてもらいます。

じゅうたんの左側にはビーズを、右側には数字カードを並べ、ぱっと見たときの印象として数と量を瞬時に受け取れるように導く、天才的なしかけがなされています。

記号と量が一致した子どもたちには、「銀行ごっこ」というさらなる楽しい活動が待っています。

1粒のビーズを1～9まで並べ、10粒に至るタイミングで10のビーズ1本（棒状のビーズ棒）と取り替えます。つぎに10のビーズを1～9本並べ、10本に至るときに、10本のビーズ棒を一枚のビーズ板（10の棒が10本の板）に取り換えます。これが100であり、ビーズ板が10枚になると、1000のビーズの塊（立方体）として、子どもたちを魅了します。

こうして楽しみながら、いわゆる両替を自然に学んでいきます。

ひとたび「数の神秘を知りたい」という欲求に火がつけば、子どもたちは数を学ぶことや幾何学的な配列に熱狂的な興味を傾けます。

このようにビーズとカードを通じて四則計算を学んでいきますから、何回も何回も繰り返したくなるのです。一般的にはいやいや覚えさせられる九九の計算や暗算でさえ、教具自体が内的動機づけを心地よく刺激するよう設計されていますから、子どもたちは喜んでします。

4桁のたし算（ある数とある数を併せて大きい数にすること）、引き算（大きい数から小さい数をとると、残りが少なくなること）、かけ算（同じ数を何回かたすこと）、わり算（ある数を何人かの友だちに同じ数だけわけてあげること）に夢中になります。概念としてではなく、楽しい行為として身につけてしまいます。そしてしだいに、ゼロの存在や概念も具体化された教具によって、ごく自然に受け取っていきます。

モンテッソーリはパスカルから「数学的精神」という言葉を借りています。子どもたちにはもともとこの「数学的精神」が備わっており、数に強く惹かれていることを長年の観察によって見抜いていました。

翻って、習う年次が予め定められている一斉教育が、子どもたちの可能性をいかにつぶしているか。子どもたちのうれしそうな表情をひとたびご覧になれば、瞬時にご理解いただけることでしょう。

◆言語の教育

0〜3歳の章でふれたように、2歳で爆発を迎える言語に対する敏感期は、3〜6歳のこの時期にも豊かに引き継がれます。

モンテッソーリは言語の教育は単に言語を教えることではなく、子どもの自然な発達を助け、援助することが私たち大人の役割だととらえました。

つまり、モンテッソーリ教育においての言語の習得は、人格教育としての言語教育なのです。誰かとお話したいという内的欲求に応じるように、子どもたちは自らの力で言語を獲得していきます。とりわけ話し言葉は3〜6歳のこの時期の子どもたちにとって、言語教育の基礎となるものです。話し言葉は自己表現、他者への理解、コミュニケーションを通じた人格形成だけでなく、社会的な関係性を築く上でも欠かせないものです。なによりもまず、豊かな話し言葉という基礎があった上で、書く・読むという書き言葉へと進んでいきます。

日常生活で十分に手をつくった子どもは、書くための手の準備ができています。触覚板をなぞり、砂文字で文字をなぞり、指先と手が字の輪郭を覚えていきます。

また聞くこと、話すことはますます豊かになり、語彙がびっくりするほど増えていきます。これを助けるのが言語の教具です。

言語の獲得のために用意されたさまざまな教具は、互いに関係し合っています。モンテッソーリが編み出した教具の素晴らしさは、一つひとつの教具が子どもの発達に合わせて順次、準備され、次の活動へと発展していくことです。

話し言葉においてはまず、語彙の拡充につとめます。子どもたちが使える言葉を増やすための活動です。質問ゲームや品詞の役割ゲーム、さまざまな発表、歌や詩の読み聞かせ、音探しなどをします。こうしたさりげない展開をしていくうちに、子どもの言語への感受性はますます豊かになっていきます。

書き言葉においては運動面と知的面の2つのアプローチが準備されています。運動面では鉛筆を持って書くための準備を、知的な面では字と音を結びつけ、意味づける準備を行います。音探しのゲームや砂文字板、移動50音の教具がその準備を担います。

鉛筆を持ってなめらかな字を書けるようになるためには、手首がやわらかく動き、三本指の調整ができるようになることが必要です。子どもたちは幾何たんすで、さまざまな形の輪郭を指先でなぞって、すでに準備をしていました。つぎに続く鉄製はめこみや砂文字板も文字を書くための準備の教具ですが、言語教具以前に行う日常生活の練習のなかにも、間接的準備が含まれていることも見逃せません。洗濯ばさみを開く、閉じる、豆をつまむ、瓶の蓋を開ける、閉めるなどは、みな三本指を鍛える準備でもありました。

机を磨くという活動は書くための間接的準備として、その最たるものでしょう。モンテッソーリの教具に馴染みのない方からすると、机を磨くことと、鉛筆で字を書くことにどんなつながりがあるのか、ピンと来ないかもしれません。

ここで世界のモンテッソーリアンの間で、愉快な伝説として語り継がれている髙根文雄のエピソードをお話させてください。

それは試験の日の出来事でした。モンテッソーリ教師になるためには、なかなかたいへんな試験があります。ユニークなことに、実技試験の科目は自分で選んだくじ引きによって決まります。高根文雄は「机を磨く」を引きました。

いよいよ試験本番。水を含ませたブラシに石鹸をつけ、机を磨いていきます。コースで習うやり方は、机の左端を起点に左から右へ手首をぐるぐる横に回すように動かして磨く、というものでした。

ところが髙根文雄はおもむろに、机の右端の上から下へとブラシで磨いていきます。試験官は目をみはり、思わず「君は何をしているのだい？」と訊ねました。やり方が違っているよ、ということを優しく諭そうとしたのかもしれません。髙根文雄は磨くのを止め、こう答えました。

「私は日本人です。日本語は右端から、上から下へ字を書きます」

その言葉を聞いた試験官はびっくりして、「素晴らしい！」と顔をほころばせ、次に深く感心してほめたたえてくれたそうです。おわかりですね。

机を磨くおしごとが字を書く間接準備になっているのならば、西洋流に左から右へ横にブラシを動かすのではなく、日本人として文字を書くときの上から下へ縦に手首を動かすことで「書く準備」を表現したからほめられたのです。

ほめられたことが、さぞかしうれしかったのでしょう！　私は本人から何度もこの話を聞かされましたから。

書くためには記号と音が一致することが必要です。モンテッソーリ教育においては、書くための準備が単に言語のエリア単独で行われるのではなく、日常生活などを通じてこれまでも十分に行われてきたことがおわかりいただけたと思います。


たとえば、感覚教具の触覚板を体験した子どもは、文字に興味を持つと、自然に砂文字に触りたくなり、指先で書くことに向かいます。子どもたちは誰に強要されるわけでなしに、生き生きとした生命の衝動に従って字を書き始めます。

この時期の子どもたちの筆使いがよく似ているのは、「子どもたちの筋肉のなかに同じ形が刻まれているから」だと、モンテッソーリは言っています。

驚くべきことに、子どもたちには「読めないけれど、書ける字」があるのです！ その証拠に「誰から書き方を教わったの？」と尋ねると、「教わった？ 教えてもらったんじゃないよ。自分でやったんだよ！」と子どもたちは答えたと言います。

こうした文字の自発的取得こそ、まさしく生命に刻まれた情報だといえるでしょう。

「読む」ことは他人の考え方を自分のなかに取り入れる作業です。モンテッソーリの言語教育では「書く」のあとに「読む」がきます。読むことへの準備は機械的読み＝移動50音で音を拾う準備から始まります。ここでは「しゃしん」「ぶどう」「おかあさん」などの濁音、撥音、拗音を読む準備も段階的に習得していきます。

このように楽しみながら活動をするうちに、5歳になる頃には自分の意志を表現し、伝えるための文字が書けるようになっていくのです。

◆文化の教育

モンテッソーリが編み出した感覚教具は、いずれも現実の現象を子どもが自ら経験し、発見していくための援助となります。教具は物を言いませんが、物自体が放つ存在感は魅力的であり、子どもに多くのことを語りかけます。そして、それらは子どもに内在する「しごとに対する愛」を、子ども自らが発見するように導きながら、同時に、文化的感受性を豊かにしていく素晴らしさがあります。

たとえば、モンテッソーリは触感覚が敏感な時期の子どもに、地球儀を与えました。しかも、それは陸がざらざらしていて、海がすべすべしているという大変ユニークな地球儀です。その手触りの違いからあっという間に感覚的に世界を捉え、さらには地球を構成している世界中の国の名前や異なる文化に興味を示し始めます。知らず知らずのうちに、より広い社会へと文化の世界を探求する、小さな探検家が誕生しています。

同様に自然に対する子どもの興味をひきつけ、観察するという科学的な態度を養っていきます。植物の種を蒔き、自分で世話をします。発芽したときの喜びはひとしおです。忘れずに水やりをし、毎日気にかけています。大きくなった葉っぱを観ていたかと思うと、葉脈をじっくり観察し始める子がでてきます。こうした興味の芽吹きどきに、私は植物の鉢植えを子どもたちの前に置き、そっと抜いて、根を見せてやりました。根が土から栄養を吸っていることを必要最低限の言葉だけで提示すると、子どもたちはすぐに「分類されたカード」を取り出してきて、木のなりたちを知ることに夢中になります。

「きは　ねと　みきと　はと　えだの　ぶぶんがあります」

それぞれの名称が一致すると、今まで見ていた鉢植えの植物や木の見え方が変わります。自分で種をまいた植物がやがて花を咲かせ、実をつけるサイクルを知り、種をだいじに収穫します。単なる知識の教え込みではありません。こうした活動を通じ、子どもたちの精神が育っていくことを援助していくのです。

すでに感覚教具によって五感が洗練されている子どもたちは、手を使って表現活動をすることを好むようになり、音楽や絵画造形の分野の活動においての創造性も次第に花開いていきます。このように、感覚教具を通じたおしごとの経験は、決して感覚的探究のゴールではないということです。あくまでも出発点である点にも注目したいものです。

集中現象と子どもの魂

さて、もうひとつ忘れてはならない、たいせつなことがあります。子どもたちの「集中現象」です。集中は子どもたちの心の奥に隠された、子ども自身の魂を開花させる「鍵」だからです。興味のある作業に出合い、手を使う仕事に「集中する」とき、子どもたちは「変わる」のです。目的のある活動によって、知性を育む発達の正しい道が開かれます。

子どもには、興味をひきそうな面白いものが必要なばかりではなく、それを行うにはどうすればよいのか正確に知る必要があります。子どもをひきつけるのは正確さそのものであり、正確さが与えられて初めて何かに神経を「集中」してやっていくのです。「集中」に導くものは、この精神的な秩序があることと動きが調整されていること、つまり、精神と肉体とが共に自由に自己コントロールされていることです。

一見、役に立つとは思えないものや、ささいな出来事が、突然子どもの心をとらえ、離さない、そんな子どもの深い「集中」を目にしたことはありませんか。

集中してハサミを使う

集中して地図の色を塗る

マリア・モンテッソーリもまた、そんな目撃者のひとりでした。目の前の女の子は40回以上、「はめ込み円柱」を繰り返し、全身全霊で没頭したのです。
「集中」に出合うと無秩序な子どもが秩序のある子どもに変わり、また、受動的な子どもは能動的になります。知的なものを求めてやまないようになります。
こうした子どもは充実感で常に心が満たされているので、品位が出てきます。魂を振るわせる活動を経験した子どもは、真の喜びを知っている子どもです。心が開き、周りのことに気持ちが向かい、友だちとゆずり合う心、思いやる心が生まれ、平和な人格が生まれてきます。
子どもの精神性を満たしつつ活動を繰り返し、最大限の努力をするようにうながし、そして完成させ、納得がいけば自分で終わりにする。それは誰かが、そうするように命じたからしているものではなく、自己建設という内面の要求に従ってそうしているのです。

　こうした概念を頭の隅におきつつ、次章ではいよいよ子どもの活動をいっしょに見ていくことにしましょう。

＊1　『子どもの発見』マリア・モンテッソーリ著　中村勇訳　日本モンテッソーリ教育綜合研究所　第5　運動の教育　精確さ　P108
＊2　『創造する子供』マリア・モンテッソーリ著　菊池正隆監修　武田正實訳　エンデルレ書店　第14　知能と手　P150

Column ⑥

集中精神について

高根文雄

私は幸福なことに、2歳前後の子どもたちの集中力に毎日出会っています。そして集中する度合いが深ければ深いほど、全くまわりの出来事に気づかない様子にいつも驚かされます。

この集中の根源をさかのぼっていきますと、生後2、3か月ごろに誰でも体験している「手かざし」(= Hand Regard) にあるといえるでしょう。

手かざしは、赤ちゃんが10日間ほど、自分の手をまるで光にかざすようにしながら、じっと眺め続ける行動です。

私もNHKのディレクターからの取材の問い合わせで初めて、その行動が子どもの成長にとって重要だということに気づきました。

このディレクターは、以前「0歳からの出発」という番組の収録でお世話になった方で、問い合わせは「たかね保育園に手かざしをしているお子さんはいますか？もしいるようでしたら是非取材させてください」という内容でした。

さっそく各クラスの先生に聞いてみると、

「ちょうど最近入園したばかりで、しきりに手かざしをしているお子さんがいますよ！」

ということだったので、ディレクターの方に伝え、さっそく取材の準備に入ることになりました。ところが翌日、取材カメラマンの都合がつかないということで、取材は延期に。

それから4日後くらいに再度、ディレクターから、「ご連絡が遅くなりすみません。手かざしのお子さんの様子はいかがですか？」と電話があり、子どもの様子を見に行って大変びっくりしました。

もうその子は手かざしをやめてしまっており、クラスの先生いわく、「2、3日前ぐらいから手かざしをやらなくなってしまったんです。1週間前がいちばん熱心にやっている良い時期だったのですが……」ということでした。

この出来事は私にとって【子どもの集中を見逃さないよう、観察力を深めなければいけない】という、子どもを知る上で欠かせない良い教訓となりました。

冒頭でも書きましたが、私の周りにいる子どもたちは皆、深い集中力を見せてくれます。少しくらいの物音など気も留めず、平然として作業に没頭しています。

その姿は、一流のスポーツ選手が見せる集中力や冷静さ、謙虚さに似ています。こうした集中精神は本当に素晴らしいと感じています。

優れた集中力を持つ人はたくさんいますが、モンテッソーリ先生のいちばん大切な教えは、この集中精神であり、その環境をつくることなのです。

Column ⑦

「和」をもって貴しとなす

高根文雄

これが聖徳太子の十七条の憲法第一条であることは、どなたもご存じでしょう。マリア・モンテッソーリも、人生の最初の数年間に自分自身を形成するという人間の仕事について、こんなふうに教えています。

「小さな子どもの内面に準備されている内なる力は、すべての子どもに自己を形成する可能性、創造性を与えてくれている」

その内なる力は、環境のなかにあるすべてを吸収し、受肉することができる可能性なのです。受肉できる環境は、「子宮→家庭→町→国→世界→宇宙」へとだんだんと広大になります。

実は、宮沢賢治がそれと同じような内容を次のように書いています。

「近代科学の実証と実験とわれらの直感の一致に於いて論じたい。
世界がぜんたいが幸福にならないうちは、個人の幸福はありえない。
自我の意識は個人から、「集団↓社会↓宇宙」と次第に進化する。
この方向は古い聖職者の踏み、また教えた道ではないか。
新たな時代は、世界が一つの意識になり生物となる方向にある。
正しく強く生きるとは、銀河系を自らの中に意識して、これに応じていくことである。
われらは世界のまことの幸福をさがしていこう」

マリア・モンテッソーリは1870年〜1952年、宮沢賢治は1896年〜1933年と、二人の生きた時代は偶然にも重なっています。

二人の偉大な人物の広大無辺の宇宙観に深く感動するとともに、我々の世界にも、「和」の心を、1日も早く実現していかなければなりません。

第4章　奇跡の軌跡

―横浜・モンテッソーリ幼稚園の現場から―

この章では私が日々、子どもたちと過ごすなかで発見した尊い奇跡の事例を紹介します。まずは、子どもの動きを味わってください。そして、その後で、子どもの活動の背景にある内面の姿を注意深く、いっしょに観察し、分析してみませんか。

◆ときには、パンツをはくよりだいじなことがある

【事例1：3歳（年少）、男の子】

ある日のことです。3歳のYちゃんが用をたし終わってトイレから出てきました。ドアをあけてよろよろとつたない足どりなのは、どうやらパンツが足首にひっかかったままのせいです。

「かわいいお尻が冷えますよ」と、つい声をかけようとしたその瞬間、Yちゃんはおもむろにしゃがみこみました。一瞬にして私の視界からふっと消えてしまったYちゃんでしたが、目線を下にやると、なにやら熱心にごそごそ動いています。はてさて、いったい何をしていたと思いますか。

驚いたことに、前の人が脱いだスリッパを、几帳面《きちょうめん》にそろえ直しているではありませんか。入り口に並べられた、3足のスリッパ。たしかに、ちょっと曲がっているとはいえ、大人の目から見ればたいした乱れではありません。でも、Yちゃんにとってそれは、「パ

ンツをはくよりもだいじ」な、それこそ一大事だったのです。

敏感なパパやママなら、もうおわかりですね？　そうです。Yちゃんの内なる衝動は、スリッパを正しい場所に正しくそろえることにつき動かされ、「整える」という秩序感に燃えあがっていたのです。

スリッパがきれいにそろうと、その輝かしい光景を満足そうに、じっと見つめるYちゃん。

そして、ゆっくりと、「できた」と誇らしげにつぶやきながら立ちあがりました。ほどなく思い出したように自分でパンツをたくしあげ、何事もなかったかのようにはきました。その姿を見届けて初めて、「よくできたわね。えらいわね」と声をかけると、Yちゃんはようやく私に気づいてくれました。

＊Yちゃんが教えてくれた【秩序の敏感期】

乱れたスリッパを整える。何気ない日常生活のワンシーンのようですが、3歳のYちゃんを突き動かしていた使命感の正体は「秩序の敏感期」でした。この「秩序の敏感期」はとても重要なものです。「秩序の敏感期」がもっとも強く現れるのは2歳からといわれていますが、じつは誕生の瞬間から子どもにとって「秩序」は重要な意味を持ちます。マリア・モンテッソーリ教育における「秩序」とは、単にきれいに片づけられた環境をさすものではありません。魚にとっての水、鳥にとっての空、動物にとっての大地のように、自分のよりどころとなる立ち位置を示す羅針盤だということを思い出してください。たとえば新生児の場合、毎日、同じ人から同じように授乳してもらう、同じ場所でおむつを取り替えてもらう、などの規則正しい秩序は、生まれたばかりの子どもに安心感をもたらします。この安心感こそが、人生のあらゆる段階で、その子どもの行動の枠組みをつくる、基本となります。幼稚園に入る前からおそらくYちゃんはスリッパだけでなく、同じ場所に同じものがきちんと並んでいないと気がすまない場面があったことでしょう。逆に、無秩序で散らかったままの部屋があたりまえの環境に育った子どもは、不安定でおちつきのない子どもになる傾向があるといわれます。

◆「小さな貴婦人」は、ものまねじょうず！

【事例2：3歳（年少）、女の子】

ある日のことでした。3歳になったばかりのKちゃんが、一輪のハルジオンを手に、私に近寄ってきてこう言いました。「せーんせ、どーじょ」。園の庭に咲いていたハルジオンの花、Kちゃんが摘んで私に差し出してくれたときには、もう茎はしなびて、すでに首が曲がっていました。それでも「お花を先生にあげたい」と思ったのでしょう。心から感心しました。

こんな小さな子どもの生命に、すでに社会性が内在しているとは、本当に驚きです。何よりも私はその子の心がうれしくて「まあ、すてき！　よく採れたわね」と微笑みました。

そしてハルジオンを受け取ると、コップに水を注いで挿し、Kちゃんに見せてあげました。すると、Kちゃんはすぐにまねをしました。

まねる、模倣をする、というのは子どもにとっては財産です。手本を見て、同じように花を花瓶に挿すことを覚えた女の子は、やがて、摘んだ花はすぐにしなびてしまうけれど、花瓶に入れればいのちは活き活きする。その真実を、自分で発見することでしょう。

＊Kちゃんが教えてくれた【印象の取り込みの敏感期】【社会的行動の敏感期】

小さな子どもにも、「社会的に受け入れられたい」「人間らしくふるまいたい」という衝動があります。驚くべきことに、このような「社会的行動の敏感期」は誕生してすぐに始まります。生まれたばかりの赤ちゃんは、ママのしぐさを、じーっと見て吸収しているのです。こうして子どもは生まれ落ちた環境に合わせて、「その時代の、その場所の人」になっていく、というわけです。

2歳を過ぎると、自分以外の人との接触を楽しむことを覚え、周囲にいて愛着を感じる人のまねをしたがります。「両親は何よりのお手本です」といわれるのはこのためです。子どもは模倣して学びます。子どもは周りの大人のやることなすことを注意深く見ています。いいことも悪いことも含め、0〜3歳の子どもはカメラで写し撮るように吸収してしまうのですから、大人である私たちが模範となる行動をとるという、「節度」を忘れないようにしたいものです。

大人のまねをしたがる子どもたちに、私たちが手本を示す場合の注意点をひとつ。大人はついつい「言い聞かせて」教え込んでしまうものですが、大事なポイントは口で言い聞かせるのではなく、見せて手本を示すこと。ちょっと手本を見せるだけで十分です。子どもはすぐに「自分もやってみたい」という「目的」を持ちだします。

あなたのお子さんがまだ赤ちゃんだった頃のことを思い出しましょう。小さな赤ちゃんが、ひとつの同じものを長い間見つめていることがあったでしょう? 生後1か月に満たない頃から、小さな体でエネルギーを全開にして。それは、見つめることで、自分の「目の焦点を合わせる」、目のコントロールを始めていた証拠です。「目」で自分を取り囲む環境のイメージを吸収する、これが、発達の初期からすでにプログラムされているのです。このような機会をたいせつにしたいものですね。

◆手を動かすと、すばらしいことがやってくる！

【事例3：3歳（年少）、女の子】

Oちゃんは、ある日、担任の先生から「こぶ結び」を習いました。こぶ結びができるようになって、「自分で縫えた」ことの喜びはひとしおだったようで、さっそく私のところへ見せにきてくれました。「よくできたわね」と、私はほめました。するとまた一生懸命、縫い始めました。

ふたたび「せんせい、見て」と近づいてきたとき、私が別の子の相手をしていたものですから、ちょっと怒ったようにすねて、「もういいよ」とすぐに席に戻ってしまいました。席について、またふたたびおとなしく、作業をしているようすでしたので、Oちゃんはきっとまたこぶ結びの作業に没頭しているのだと、私は思いこんでしまいました。

ところが違ったのです。Oちゃんはセロハンテープをカットしては貼るという作業に没頭していました。一生懸命セロハンテープで糸を紙に留めていたのです。テープをカットしては貼り、カットしては貼り。繰り返し、繰り返し、端から端まで、です。その姿はまるで、セロハンテープで縫い目を留め合わせることで、「自分が縫えた」という喜びそのものを封じこめているかのようでした。私は驚きました。縫い目がほどけないように、より確実な状態にするためにセロハンテープを使う。この知恵を、3歳の子どもが自ら発見した、その奇跡に、私は心から感動したのです。

尊い知恵がOちゃんに芽ばえた瞬間を見のがしてしまった私は、彼女に詫びました。「ごめんね。先生、間に合わなくて」。そのときの、その子の誇らしげな顔が忘れられません。手を動かすと、すばらしいことがやってくる。まさにそのことを実証する、すてきな瞬間でした。

＊Oちゃんが教えてくれた【運動の敏感期】

運動には手と足がありますが、モンテッソーリは手を動かすことの重要性を繰り返し説いています。なぜなら、「手は外部に表れた大脳」といわれ、子どもの知性の発達と密接に結びついているからです（ちなみに、足は小脳の働きです）。

好奇心に駆り立てられて手を動かし、「自分でできた！」という満足感を得た子どもは飛躍的に成長します。ぐんぐん伸びます。手を動かしているあいだ、子どもたちの脳の中は興奮状態にあります。大いなる「革命」が起きているのです。そのプロセスを経ることで、子どもたちは思いもかけないすばらしい出来事を連れてくることが多々あります。Oちゃんの「こぶ結びの工夫」はまぎれもなく、そのすばらしい事例のひとつといえるでしょう。

◆「大根おろし」が導いた、ひらがなの発見！

【事例4：4歳（年中）、男の子】

4歳のAくんはある時期、「大根おろし」に夢中でした。毎回、お気に入りのエプロンをつけることを忘れません。来る日も来る日もどんぶり鉢いっぱいになるほど、ひたすら大根をおろしていました。

ところが、それがしばらく続いたある日、ぴたっとやめました。本当にある日、突然、やめたのです。

さて、次にAくんが夢中になったことは何だったと思いますか。

正解は「ごますり」です。すり鉢に、ごまを入れては、すりこぎでひたすら細かくすり続ける。あまりの熱心さに、毎度毎度、見ているだけで、私の口元が思わずほころんでしまうほどでした。

さて、Aくんの「ごますり熱」がやんだとき、次にどんな行動に出たと思いますか。何と！　何と！　彼はおもむろに、ひらがなの「の」の字を書く練習を始めたのです。

私は、びっくり、かつ感心してしまいました。〝敏感な〟読者のみなさんなら、おわかりかもしれません。そうです！　大根おろし、ごますり、そして「の」の字。すべて手の動きが共通しています。

「手を動かすことで子どもの知性は発達する」との真実を、4歳の男の子が私の目の前で実証してくれました。

従来の義務教育では、「ひらがな」は、小学校1年生で習うものだとプログラムされています。ところが、手を動かすことによって「の」の字が書けることを発見した4歳の男の子がいるのです。

Aくんは「の」の字をきっかけに、「あいうえお」から始まる「ひらがな」に興味をもち、毎朝登園すると、サインペンを持って書いています。

＊Aくんが教えてくれた【運動の敏感期】【言語の敏感期】

小さい手には小さい手なりの発達のプロセスがあることをAくんは教えてくれています。「大根おろし」や「ごますり」は、ママのお手伝いをすることや、料理の練習になるだけではありません。日常生活の練習では、指先や手首や腕のまわりぐあいを調整し、知らず知らずのうちに「自由な体をつくる」ために、あらゆる動きを練習しているというわけです。

このとき、小さな手にフィットする道具や、自分で力加減をコントロールできる材料を選ぶことは重要なポイントです。手を動かしながら、なんと、「文字を書きたい」という知性が芽ばえたことは喜ばしい奇跡です。成長に合った大きさの「道具」に出会うと、子どもたちは楽しみながら、手を上手に使い、知性を自然に身につけていきます。

◆手を使うことは、優しさを導く

【事例5：4歳（年中）、男の子】

Bくんの例です。Bくんはある時期、はさみを使って紙を短冊のように細く長く切りつづけていました。繰り返し、繰り返し行ったあと、ある日、それを自分からやめて、なんと、包丁でキュウリを切り始めました。どこまでそれをうすく切るかに集中することがしばらく続きました。

ほどなく、ピーラーでキュウリの皮をむいてから切るようになりました。次にはダイコンを切り、ダイコンの次にはニンジンへ、という具合です。おわかりですね？

より大きなものへ、より固いものへ。誰に教わったわけでもなく、自分で難易度を上げ、自分自身のベストを更新していきます。ニンジンを切るには、キュウリを切るよりも深い注意力と集中が必要となります。

さて、それではBくんはニンジンを「克服」したあと、いったいどんな行動に出たと思いますか？　Bくんは、切りそろえたキュウリやダイコン、ニンジンをお友だちにふるまい始めました。もちろん、美しく皿に飾りつけ、食べやすいように、つま楊枝を刺すなどの心配りも忘れません。

＊B君が教えてくれた【社会的行動の敏感期】

3〜6歳は「手を使う活動に集中する」時期です。子どもが自由に活動できる環境で、自分で活動を選び、どのようにするのか、クラスでは、はさみの使い方、包丁の使い方を習うと、子どもはしばらく、その活動に夢中、という姿を見せてくれます。満足するまで何日も繰り返します。この時、「正確にしたい」という、もう一つの内面の欲求が後押しをしています。さらに、【社会的行動の敏感期】に導かれ、お友だちにサービスをするという素敵な行動に出ましたね。手を使う活動に集中し、満足した心が、自然に、お友だちを思いやる優しさを誘い出してくれていたのです。「手は精神生活に結びついている」といわれる由縁です。自分自身で獲得した「自由な体」の上に、「自由な心」をも手に入れたというわけです。

◆子どもたちは「数の神秘」を知りたがっている

【事例6：5歳（年長）、女の子】

Nちゃんが、数の教具の「銀行あそび」に興味を示したのは、いつの頃だったでしょうか。最初は、キラキラ輝くビーズの美しさに魅せられて、興味がわいたようでした。ビーズを小さな指先でだいじそうに、一つひとつ、つまみながら「量」を知っていきます。10個のビーズの玉をまっすぐに並べれば「10のビーズ棒」のできあがりです。

このとき、Nちゃんは10という数を「長さ」で知ることになります。そして1から10のビーズ棒の長さに慣れると、次に10の棒を10本並べるようになります。これはまさに、100という大きな数の発見の瞬間です。

この繰り返しによって、10の次は100、100の次は1000という、けたの違いが、具体物を数えながら5歳の女の子の潜在意識に入り込んでいくのです。

この光景は、何度見ても、すばらしい神秘の瞬間です。

こうして数の数え方を覚え始め、手を使って繰り返し遊んでいるうちに、難なく「十進法」の原理をマスターしてしまいます。

最初は、ままごと遊びのような感覚でビーズ玉とたわむれていたにすぎなかった小さな女の子でしたが、毎日、毎日、これを繰り返すうちに、その顔つきがどんどん変わっていきました。

ある日のことです。

「銀行屋さん、両替してください」

年下の男の子がそう言いながら、箱いっぱいに入った1のビーズ玉をNちゃんにさし出しました。Nちゃんはおもむろに、1のビーズ10個を数えて10の長さにそろえ、10のビーズ1本と取替えました。次々にビーズ棒をこしらえ、慣れた手つきで数えていきます。ほどなく10のビーズ棒に両替できたものを、男の子に戻しました。両替、完了です。そのときの、彼女の自信に満ちあふれた表情といったら！　ほんもののバンカー顔負けです。「バックオフィスの女王」という風格さえありました。

私は「よくできたね」とほめました。そして、ふと尋ねてみたくなりました。

「9999の、その次は？」と。すると、どうでしょう。

「次は一万！　万の次は億！　億の次は兆……………！」

またたくまに、そう言い終えたNちゃんの頬は、高揚して赤くなっていました。

大きな数の概念を、いつのまにか小さな体いっぱいに、無我夢中で受け止めていたのです。数える喜びで、大きな数の世界の探検に出かけていくようです。「数の神秘を知りたい」、5歳の女の子のなかに眠っていた知性の扉が、まさに「銀行あそび」というカギによって開かれたのです。

＊Nちゃんが教えてくれた【数の敏感期】

数学的頭脳のはじまりは、小さいときにすでにあるのです。

「どっちがいい？」と言うと、子どもは不思議に、大きい方を、そして数の多い方を選びます。従来の教育プログラムでは足し算、引き算、掛け算、割り算は小学校で習う年度が定められています。無限に広がりゆくこの子どもたちの、数教育の可能性から見れば、それがどんなにもったいないことであるか明らかですよね。

子どもの知性が敏感期に導かれ、子どもたちの内なる「知性の扉」が開かれる瞬間。その場に居合わせられる幸せは、私たちにとって、言葉に尽くしがたい喜びです。

数の教具のなかには、数の神秘に導かれる要素がたくさんあります。

ここに登場する「銀行あそび」に用いられる数のビーズもそのひとつです。

子どもたちが1〜9999までの数のビーズと数字カードを組み合わせて、大きな数をつくる楽しさを知る手助けにもなります。

モンテッソーリ教育はしばしば知育教育のように誤解されますが、決して知識を教え込むものではありません。子どもの好奇心を発動させるにとどまり、あとは子どもの発達に任せるのです。小さな子どもたちが美しいビーズを手にしている姿は、手芸遊びのようでもあり、はたから見ると、ままごとをしているように見えるかもしれません。

しかし、よくよく観察していますと、子どもたちの数に対する知的な好奇心は驚くほどで、その大きな熱狂ぶりはいつも目をみはるばかりです。

◆子どもたちに、「世界」を与えよう！

【事例7：5歳（年長）、女の子】

夏の終わりのことでした。

年長さんのMちゃんと仲よしのSちゃんの目の前に地球儀を置き、くるりと一周させました。まず、ふたりはそれを、「じーっ」と見つめました。大陸部分が茶色、海が水色と二分されただけのシンプルな地球儀です。

ふたりの女の子は、小さな手で地球儀をくるくる回しながら大陸と海の大きさ、広さを熱心に手で触って、確かめています。

次に、平面になった世界地図を見せました。大陸が色分けされ、パズルになっているものです。ひとつずつ取りはずし、形を指でなぞらせながら、一つひとつゆっくりとその名前を「与え」ました。

それ以来、ふたりは夢中で「世界」を開拓していきます。その姿は、まさに小さな探検隊でした。「アジア、アフリカ、ヨーロッパ、オセアニア、北アメリカ、南アメリカ、南極」と、大陸の名前を声に出して唱え始めると、3歳の年少さん、4歳の年中さんの子どもたちも、お姉さんたちのまねがしたくて、自然とそばに寄ってきます。そしていっしょに「アジア、アフリカ、ヨーロッパ……」と、リズムカルに輪唱するまでになりました。

やがて子どもたちはそれぞれの好奇心に導かれるように、思い思いの「世界の探究」を始めました。

大陸別に色分けし、無心で塗り始める子、大陸の名前を声に出して暗唱する子、大陸のパズルをバラバラに出しては、一つひとつ正しい場所に戻す作業を繰り返す子、大陸の名前を知るだけではもの足りず、それぞれの大陸にある国の名前をマスターし始める子。

好奇心の現れ方は、じつにさまざまでした。

ちょうどそのタイミングで、秋の運動会の準備が始まりました。

ある日のことです。運動会で使う国旗を目にした5歳のJちゃんが、こう言いだしました。「先生、国旗の名前をおぼえたい」

まさに「知性の芽ばえ」の瞬間でした。この機会を見逃してはなりません。私たち教師はさっそく、世界の国旗が載った大きくて見やすい図版を探すために街へくり出しました。

翌日、一冊の大きな図版をクラスに置くと、すぐにJちゃんを中心に新たな探検隊が結集し、図版を取り囲みます。パラパラめくってしばらくすると、JちゃんとDくんは国旗の色と形を何度も確かめながら、自分の手で紙の上に書き写し始めました。まわりの子がそれに続きます。

ある日は、アジアの領域を、またある日は、アフリカ大陸を、子どもたちは果敢に探求していきます。

「ねえ、バングラデシュとパラオの国旗は似てない？」

「でも色の濃さが違うよ」

そんな会話が飛び交うなか、国旗を描くことを繰り返すうち、都市の名前やそれぞれの母語の種類まで覚えてしまう子も出てきました。

「カナダの国旗は葉っぱだね？」「何の葉っぱ？」「メープルの木だって」

こうして世界の国々の名前、国旗、名産までを、いとも簡単に、しかも楽しみながら自然に覚えてしまいました。いま教室の壁には、子どもたちが描いた国旗が、勲章のように輝いています。

＊Mちゃん、Sちゃん、Jちゃんが教えてくれた【文化の敏感期】【言語の敏感期】

マリア・モンテッソーリは、6歳までに子どもたちに「世界」を与えよう、と言っています。子どもたちはまさしく、「世界」を発見したがっていました。私たち大人は、子どものこうした好奇心の「芽吹きどき」に敏感でいたいものです。種が芽を出すのは、内在する「ホルメ」の刺激によるもの。とはいえ、いま、子どもたちのなかにひとたび、芽ぶいた好奇心が健やかに育つように助けるこのときこそ、大人の出番です。

さりげなく水やりをしたり、肥料をまいたり。子どもたちの能力は適切な援助によって、すばらしく開花します。そのときに覚えておきたい秘訣は、いたってシンプル。植物の「水やり」は、遠くから。決して「教える」のではなく、あくまでもさりげなく、一つひとつ、子どものテンポに合わせて、ゆっくりと「示す」ことがポイントです。

子ども自身が、「自分で選んだ」興味対象を尊重すること。そして、繰り返し活動する姿を見守ることがたいせつです。

子どもたちに共通する、ある特徴とは?

7つの事例を見てきましたが、いかがでしたか。

「しごと」に集中する子どもの姿はいつ見ても清らかで、まさにそれは奇跡です。

先に述べましたように、モンテッソーリは、子どもたちが外面的で目的のない活動をするとき、それを「遊び」と言い、内面的なひとつの目的を持って活動することを「しごと」と呼びました。「しごと」を通じて子どもたちは自分で自分の知性を築いているわけです。子どもたちの「しごと」が、いかに尊い一大事業であることか、おわかりいただけたと思います。

敏感期は子どもの発達段階に応じて出現します。しかるべきタイミングで訪れる敏感期の兆候を注意深い観察で察知し、しかるべき援助を行うことがのぞましいわけですが、そのためには、私たちが敏感期を正しく理解する必要があります。大人が途中で介入して止めさせてしまうと、完了の喜びを満たさずに終えてしまうことになります。大人がその生命の要求に沿ってあげないと、子どもたちはたちまちイライラし、ときにすさまじい癇《かん》癪《しゃく》を起こすことさえあるからです。その後の人格の形成にひずみがでてくることになります。

さて、これまでに紹介した子どもたちに、ある共通点があったことに皆さんはお気づきですか？

「子ども自身が自由に選択し」↓「手を使って繰り返し」↓「集中現象が起き」↓「満

足して自分からやめる」。

お気づきですね。そうです、モンテッソーリが目撃した、「はめこみ円柱を40回以上も繰り返した女の子」の集中の姿と同じです。

このたいせつな過程で、私たち大人は無理解から「なぜそれを選ぶの？」「なぜそれを続けるの？」「なぜやめたの？」「なぜ次にそれを選ぶの？」と口出しをして、ついつい子どもの「集中」のじゃまをしてしまうことがあります。頭でわかったつもりでいても、子どもが繰り返し、何かに没頭する様子を理解することは、最初のうちはなかなかむずかしいかもしれません。

けれど、この「集中」というたいせつな衝動は後に読んだり、書いたり、教えたり、さらに文法、代数、外国語を習得する際にも大いに役立つばかりか、その子の人格形成に大きく影響を与えます。このとき、決して「教えよう」と無理にひっぱることはしないでください。

私たち大人ができることは、子どものいちばん深いところに眠る興味を引きだすことです。もしも、いま子どもがどんなことに興味を持っているのかを知りたければ、子どもたちの手の動きをよくご覧になることです。

子どもたちは手を使いたがっている。これは世界中の子どもに共通する現象です。手を使うことは脳を刺激します。手を使うことで、子どもたちの知性は無限に広がっていく。これはマリア・モンテッソーリが発見した「科学的教育学」の真髄といえるでしょう。

「縦割りクラス」が育む、思いやりの心

横浜モンテッソーリ幼稚園では、3～6歳の異なる年齢の子どもたちが、同じ教室で一日を過ごしています。私たちは「縦割りクラス」をたいせつに考えています。

「縦割りクラス」と聞いて、ひょっとしてこんな疑問がわいた方がいらっしゃるかもしれません。「年少の子どもは年上の子どもといっしょに過ごすことで、たくさんのことを吸収できるかもしれない。でもその一方、年長の子どもたちの学びが遅れるようなことはないのかしら」と。

じつはこれは、毎年必ず入園説明会で寄せられる問い合わせです。私たちは決まってこう答えます。「心配ご無用です」。

こんなふうに考えていただきますと、わかりやすいのではないでしょうか。

年少が「予習」、年中は「本習」、年長は「復習」です。

この貴重な時期において「縦割り」のしくみはすばらしい恵みをもたらします。年長

の子どもが年少、年中の子どもと触れ合うことで、これまで自分が学んだことを教えながら、自然と復習することができます。

それればかりではありません。

0〜3歳の「敏感期」に獲得しそこなった「落とし物」の話を覚えていますか。

じつは、年長児が年少、年中の子どもたちとふれあうなかで、自分の「落とし物」に自ら気づく機会に恵まれることが少なくありません。3〜6歳は「落とし物」を修復する最後のチャンス。子どもどうしの自然な交流によって、自分の力で「落とし物」を取り戻し、魂の修復ができた子どもは幸せです。

年少児は、年中児や年長児の行動を敬い、憧れを持ってよく観察しています。「私も、あんなお兄さんや、お姉さんのようになりたい」。そう思えるお手本、「ロールモデル」を見つけることで、「自分もやってみよう」と挑戦する勇気が芽ばえます。このちいさなまなざしが、年中児、年長児を同時に育てているというわけです。

年少児から頼りにされていることを肌で感じ、自然と「助けよう」という、人をいたわる心が育まれていきます。また、できるだけ尊敬される自分でありたいと思う気持ちが、知識欲を刺激し、それぞれの興味のあることに導かれ、やがて没頭していきます。

従来の一斉教育のように、年齢によって学習プログラムが決まっているわけではありませんから、彼らの好奇心は青天井で、ぐんぐん高みをめざします。

先述したように、クラスにある「教具」は数に制限があります。棚に置かれた教具はそれぞれ一つずつ準備されているのです。これは子どもたちに「待つこと」を教えます。言葉を持たない教具の代わりに「待つこと」のたいせつさを年少児にやさしくさとすのは、お兄さんやお姉さんたちの役割です。

ある子どもが一つの教具に興味を持ち「やってみよう」と思ったとき、別のお友だちがその教具を使っていたら、待たなければなりません。そのお友だちの「おしごと」が終わって元の場所に教具が戻ってくるまで、「早くやりたい」と急き立てる自分の欲求を、自分でコントロールして辛抱強く待たなければならないのです。とはいえ、ついつい衝動や欲求が先走ってしまう年少児のことですから、最初のうちは当然、横やりを入れたり「ぼくのだよ！」と所有欲をむき出しにして奪おうとしたりします。

これを、「きみのばんがくるまで待とうね」とやさしくさとすのが年中児、年長児の役割です。彼らにとっては「自分も通ってきた道」なので、年少児の気持ちが大人の私たちよりもよくわかるようです。自ら年下の子どもを助け、励まし、慰め役をかってでるようになります。

子どもたちは、自分という存在が誰かの役に立つ経験によって、自らの自信や自尊心をも育んでいきます。自尊心が芽ばえると、他の人のことも尊重でき、人を思いやることができるようになるのです。

こうして子どもたちは「人の役に立ちたい」という精神を教えなくても、自然に身につけていきます。年少児は、年上のお兄さん、お姉さんが自分にしてくれた親切を、自分もいつか、ほかの誰かにしてあげたいと願います。それは、平和的な思いやりの心につながります。

しだいに、教室全体が「誰かの役に立ちたい」という精神に包まれ、その尊い精神は子どもたちの心を豊かに満たします。そこにあるのは競争ではなく、協力しあい、穏やかで平和的な空気です。

自分をたいせつにし、他者をも尊重する。

こうした精神が育ったクラスでは、ひとたび誰かが誰かを傷つけたり、泣かせたりするようなことがあれば、子どもたちのまなざしは、いっせいにそこへ注がれます。

泣いている子どもを抱きかかえて慰める年長さんがいるかと思えば、大人顔負けの仲介役として、互いの言い分を聞く役にまわる子どもさえいます。

私たちは、子どもたちによる平和的な解決を見習わなくてはなりません。

「子どもたちの魂に対する責任を負い、そして人間を建設することをたすける」。

この大きな使命を前にしたとき、われわれ大人はひるんでしまうこともあるでしょう。ところが、子どもたちはこの使命を大人顔負けの正確さで、やすやすと実行してしまうことがあるのです。

まさに、「子どもたちこそ、私たちの教師である」という言葉を思い出す瞬間です。

最後にもうひとつ、彼らのすばらしい教師ぶりを紹介しましょう。

感心するのは、子どもたちの「思いやり」や「援助」は、いつもとてもエレガントなことです。さわやかな風のごとく、さりげなくて、これ見よがしであったためしがないのです。

◆さりげない提示

【事例8：5歳（年長）、男の子】

ある日のことです。年中のFくんが色、大きさ、形の異なる三角形を（構成三角形の箱）机の上に広げていました。ほどなくFくんは、多様な三角形のなかにも「同じ形、同じ色のものがある」という規則性を発見し、「正三角形」と「直角二等辺三角形」と「直角不等辺三角形」を、色別にして、仕分け始めました。

このとき、私たち教師はけっして「説明」はしません。ただし、彼が見つけだそうとしている何かを見守り、好奇心の灯にそっと油をさす程度の「提示」を試みるのです。この「提示」については次章で詳しくお伝えしますので、ここでは「提示」という言葉があることを記憶にとどめておいてください。

緑の直角二等辺三角形を2枚、斜辺の補助線で合わせると「正方形」ができました。黄の直角二等辺三角形を2枚、直角をはさむ辺の補助線で合わせると「平行四辺形」ができました。ここで私は「この正方形とこの平行四辺形はどちらが大きい？」と尋ねました。答えは「同じ」なのですが、黄色は膨張して見えるせいでしょうか、彼は考えこみ、悩み始めました。

すると、通りがかった年長のTくんが、年中のFくんの横に立ち、黄色の「平行四辺形」の形を変えて、緑の「正方形」の上に重ね合わせました。２つの図形が等しく重なりあった瞬間、Fくんは息をのんで、Tくんを見つめていました。

「おんなじだ！」

私の顔を見て、Fくんが、その言葉を口にしたときには、もうその場にTくんはいません。さりげなくヒントを与えて、去ってしまいました。

「はやて」のように現れて、「はやて」のように去って行ったTくんに、私は思わず、心のなかで拍手を送りました。

＊Fくん、Tくんが教えてくれた【感覚の洗練の敏感期】【社会性の敏感期】
3〜6歳は、感覚の洗練の敏感期です。モンテッソーリの教具はすべて感覚に訴えるように作られています。子どもは感覚を働かせ、手を使い、個別に活動します。感覚教具による秩序ある印象は、子どもの識別力を高め、知性をつくり上げるのです。

ここに出てきた、構成三角形は視覚教材の、形の教具のひとつです。

「形を変えて重ねる」ということで「おんなじ」をさとす。年長のTくんはFくんに無言で「示した」というわけです。感覚教具の提示はとくに、「見せる」こと、つまり、視覚に訴えることがだいじ、というわけです。


縦割りのクラスにおいて、このように、いともかんたんに正解への糸口が見つかることは皆さんも経験したことがあるでしょう？　この「真理」をTくんのように、さりげなくヒントとして提示することは、じつは、かなりむずかしいことなのです。

次章では、モンテッソーリ教育で用いられる「提示」を通して、私たちができることをいっしょに考えていきましょう。はたして、私たち大人は、どれだけ魅力的な環境を子どもたちに探険させてあげられるでしょうか。

Column ⑧

東洋思想と西洋思想について

高根文雄

人生において、自分を成長させてくれる出会いとはそうあるものではないと、この歳になるとつくづく思うものです。私にとってかけがえのない出会いであり、大切な体験のひとつをみなさんにお伝えします。

それはインドの高僧アーナンダ師が、日本の大乗仏教の高僧、鈴木大拙師に会うため来日されるということで、ご案内する機会がありました。

このお二人の高僧同士の邂逅で、私の心に残っていることばとして、大拙師は、「東洋思想をげんこつ、グーの形に、西洋思想を手のひらをひらいてパーの形」にたとえてお話をしていました。私はそれを聞いていて、なるほどと感じ深く感動しました。

東洋思想は集団主義で一元性を、西洋思想は個別主義で二元性をもった思想だということを、手の形で表現されていたからです。

それから月日は流れ、今日私の心のうちでは、このげんこつ主義とパー主義を宥和することができるかどうか、げんこつとパーを宥和することこそが、これからの世界の人々の幸福のためには絶対に必要だということを強く感じています。

平和はこの合体によって生まれるのです。

真の平和を願う今、いつも心の中にある忘れられない私の二人の師であります。横浜・モンテッソーリ幼稚園の子どもたちも、エレメンタリーの子どもたちも、また保護者の皆様方におかれましても、自分を高めることのできる〝一期一会〟がありますことを日々祈っております。

第5章　提示の技術

子どもを「援助」するための心がまえ

子ども自身が「自由に選択し」↓「手を使って繰り返し」↓「集中し」↓「自分からやめる」

私たちは子どもに内在する「自然の発令」を理解し、彼らが「やりたい」と自ら興味を示した自由な意志を尊重します。大人が子どものために準備した「おしごと」を、子どもに与えることは決してないのです。

「おしごと」であってもおうちでのお手伝いであっても、まず自分で選ぶことが肝心です。子どもは自分の興味のあるものに導かれ、活動します。こうした活動の動機を刺激し、自分で選びとる機会に、私たち大人ができる、最大の「援助」をマリア・モンテッソーリは「提示」と呼びました。

この章では、子どもたちの活動を見守る私たち大人が、よりよい「援助」を行うために気をつけたいこと、その心がまえと提示の技術についてお伝えしていきます。

子どもたちはやり方を学びたい

「ひとりでできるように手伝ってください」

「提示」はマリア・モンテッソーリが発明した、子どもたちの注意力に対する投げかけ（訴えかけ）です。端的にいえば、「やりたいけれど、どうやっていいのかわからないので教えて」という子どもたちに、やり方を示すことです。

この「提示」を理解することで、私たちも子どもたちにできる援助がぐっと豊かなものになります。「提示」の手法はマリア・モンテッソーリが発見した最高の技術だと、私は思います。

子どもの気持ちに寄り添い、精神の高みへ誘うこの最高の技術を知ることで、子どもの気持ちにぐっと近づけるはずです。また日常生活のあらゆる場面で応用できるので、きっとお役に立つと思います。

お友だちや大人のすることを見ていて同じようにやりたいけれど、やり方がわからないからできない、「先生、教えて」「ママ、教えて」という子どもの心からの要求は「ひとりでできるように手伝ってください」という願いです。

気をつけたいのは、この子どもの要求が出る前に、大人が「こうでしょう」と手を出してしまうこと、「違う、違う、貸してごらん」と、大人が指示してしまうことです。口を出すほど、手を出すほどに子どもの手は止まり、そっぽを向かれてしまうことになります。

ここからはマリア・モンテッソーリの教えに基づき、私が日々試行錯誤しながら幼稚園で実践している「提示」のあり方を紹介していきます。

子ども自身の内的な衝動のタイミングと同調できれば、子どもは「提示」によって示された「やり方」をいとも簡単にマスターします。

なにしろ「運動の敏感期」「秩序の敏感期」真最中の子どもには、「より正確に動きたい」という内的欲求があります。大人が示した手本より、はるかに「正確に」やってのける場合すらあるでしょう。

子どもの特徴を的確につかみ、子どもが無心で集中できるよう、適切な「提示」を与えることができれば、子どもたちに内在する精神は、さらに豊かに大きく花を咲かせることができます。

「より正確に動きたい」。これはまぎれもない子どもの意志の表れです。

「意志で選んだ活動によって知性が出てくる」。この「知性」が芽ばえるには、やはり準備が必要です。準備なくして、子どもは「模倣」をすることができないからです。この準備は2歳までの子どもの環境における経験の積みかさねしだいで決まると、モンテッソーリが述べていたことは先にお伝えしたとおりです。そして、十分に身体の準備のできた子どもは「運動の経済」を発揮することができます。運動の経済とは、無駄な動きをせずに、的確な動きで目的を成し遂げるという意味です。

どのように「提示」をすればよいのか

さて、目の前にいる子どもが「この教具を使ってみたい」と興味を示したとき、あなたならどうしますか。「何とかしよう」と身がまえてしまうかもしれませんね。でも、「何とかしなくてもだいじょうぶ！」

まずは、「さり気なく関わってみる」くらいの気持ちでのぞんでみてはいかがでしょう。ほんとうに内的欲求があるかどうかは、子ども自身が教えてくれます。

ただし、いかなる場合でもやり方を口で説明はしないこと。

子どもは口で説明されても理解できないからです。子どもの器官の発達の順番に、忠実に従うことです。「目」は、誕生後、最初に発達しました。子ども たちの「手」の偉大なる協働者である「目」の助けを借りない手はありません。

目で見える一連の動きを示すことを意識しながら、子どもの横に座り、ゆっくりとやり方（教具の使い方）の手本を示します。

だいじなところは、子どもの目の動きをよく観察しながら、一つひとつの動きが子どもの脳にきちんと伝わったかどうか、よくよく行動の分析をしながら提示することです。見るときは、見る。触るときは触る。ひとつの感覚に集中することです。まさしく、一感覚の孤立化です。

「ながら」動作は禁物です。教具を触りながら話しかけたり、手で動かしながら言葉にたよって説明をしたりしていませんか？　そんなとき、子どもは理解しているふりをしているだけかもしれません。

なぜなら、目で見た動作の一つひとつのやり方が、しっかりと子どもの脳に伝わり、理解されるには、大人が思う以上に時間がかかるからです。

子どもたちは動き方を学びたいのです。「ゆっくり」「正確に」「やり方を見せる」のです。正確にゆっくりと、ひとりでできるように、手本を示してあげてください。

もうひとつ、子どもの発達のレベルに合った教材を見きわめることも、教師の役目です。簡単すぎれば、すぐに手をつけなくなります。むずかしすぎれば、やったふりをするだけで、すぐに手を放します。いずれも、子どもの手の動きをよくご覧になることです。

言語が必要なこともあります。言葉がけにも注意を払います。言語は意識的に、たいせつな「物の名前」や「行為」を、ゆっくりと正確に、声を出してはっきりと伝えます。「あける」「しめる」「止まる」「椅子を運ぶ」など。

ただ、「ゆっくり」「止めて」「分析して」という基本動作に気をとられすぎるあまり、教師自身がロボットのようにぎこちない動きになったり、あるいは緊張のせいでしょうか、しーんと静まり返ったりすることがときどき見受けられます。これはいけません。「提示」の目的を叶えていないからです。

「提示」は、子どもたちが「手」を使うことで、自分で自分の精神をつくるための援助です。思い出してください！　子どもたちはいのちのエネルギー「ホルメ」に刺激されているのですよ。子どもの興味が眠っているようなら、眠れる魂を呼び覚ます情熱も必要です。ゆっくりとしたテンポや正確さもだいじですが、子どもたちに内在する燃えあがるエネルギーに対して、私たち大人が魂の躍動がともなわない「提示」をしたところで、どうして子どもの尊い好奇心に火をつけることができましょうか。

「提示」は、子どもがワクワクした心持ちで自発的に「やりたい」と思える方法でなければなりません。そのためには「あなたを愛している」、そして「あなたを尊重します」という気持ちを持って、しっかりと子どもに向き合うことです。教師の適切な「提示」によって、その「やり方」が子どもの脳にしっかりと受けとめられたとき、子どもは明らかに変容します。

提示を受け取った子どもは、どのように変わるのか

まず、目つきが変わります。

⇩

より正確に行いたいという欲求で、集中現象が起こります。

⇩

繰り返し手を使うことで、感覚が洗練されていきます。

「提示」の真髄が子どもに伝わったとき、それは語りつくせないほどの感動と高揚感をともなうものです。それは魂の交換です。

ひとたび子どもたちの魂が呼び覚まされますと、子どもの「自由な心」が解放されます。解き放たれた自由な心は、ときにクラス全体の子どもたちの心のあり方まで変えてしまうことすらあるほどです。

マリア・モンテッソーリは「提示」をおこなう教師の使命を、こんなふうに語っています。

「光を投げかけて、その場を去る」[*1]

「生命を刺激する。しかし、自由に発達するにまかせる」[*1]

このデリケートな使命には、適切な提示の時期をそっと知らせ、かつ介入を控えるという、だいじな技術が必要です。目覚めた魂、自分の努力によって生きていく魂を援助するのです。逆に、それを妨害し、逸脱させてはなりません。

「適切な援助」をしたつもりで「妨害し、逸脱を導いてしまう援助」もあるというのですから、気をつけたいものです。

私たち教師は、子どもたちのじゃまにならないように、つねに目配りをしています。しかし、責任の大きさを考えると、ついつい「何とかしよう」と意気ごみがちです。「試しにお誘いする」くらいの気持ちの身軽さも必要です。誘ってみて、子どもの気分が乗ってこないようなら、決して無理じいしないことです。

子どもたちの知覚を洗練する、感覚教具

事例1：子どもそれぞれが持ち合わせている感性

〈EくんとFくん、ともに3歳の男の子〉

感覚教具【ピンクタワー】

ピンク色、木製の10個の立方体。最小の立方体の1辺は1㎝で、最大の立方体は10㎝。1辺1㎝ずつの違いがある

年齢：2歳半～4歳半

意図的動作：きちんと積む

間違いの自己訂正：視覚による調和

直接目的：視覚による次元の教育

間接目的：随意筋肉運動、注意力、意志力、運動の調整、数学的頭脳の準備

立方体を、大きいものから小さいものへと順番に10個重ねるとピンクのタワーができあがります。子どもたちは、このそびえ立つタワーを眺めるのが大好きです。

この「おしごと」には、もちろん「目的」があります。それは立方体を置くときに要求される動きの正確さを、子どもたちは随意筋肉運動を通じて学ぶというものです。

このピンクタワーをめぐっては、こんな忘れ得ぬ出来事がありました。

ある日のことです。Eくんが立方体をじゅうたんに持ち運び、ひとつずつ、大きさの

順に重ねていく姿を、同じ歳のFくんが見守っていました。食い入るようにじっと見つめています。

Eくんが夢中になっているピンクタワーに興味を示したFくんが「自分もやりたい」という自発的なサインを出しているのかなと、様子を見ていますと、F君はおもむろにEくんの横に立ちました。そしてなんと、Eくんが置いた立方体を、律儀に角をそろえ直しているではありませんか！

Fくんにとっては、立方体の角がきちんと端で合っていないのが気持ち悪かったのでしょう。その気持ちの悪さを、Fくんはまだ言葉でEくんに伝えることができず、じっと見つめ、我慢できず彼なりの手本を行動で示していたというわけです。

ここから透けて見えることとは、立方体を真中に積むことが心地よいと感じるEくんと、立方体の角をきちんと揃えて積むことが心地よく感じるFくんとがいるということです。

「ピンクタワー」の提示をする場合、真中に積んでいくやり方が基本的な提示とされています。そう考えると、EくんもFくんも最初は真中に積み上げていく「提示」を受けていたにもかかわらず、Fくんがある時点で、より自分にしっくりくる規則性を発見したようです。

子どもには知らないことを知りたいという好奇心があります。手を動かしながら、毎日少しずつ、学んだことを発展させていく力が備わっています。

F君は毎日の活動を通して、単に真中に積み上げるよりも、「角をそろえて積み上げたピンクタワーのほうが美しい」という発見をしたのかもしれません。

ピンクタワーは子どもたちにとって、最も思い出に残る「おしごと」のひとつです。Eくん とFくんがここで得た感覚的な印象は、後に、数学的な頭脳を引き出します。立方という三次元は幾何学的思考を育み、また教具から見出した美しさは美術の造形面での才能を刺激する鍵となるかもしれません。扉の向こうには無限の可能性が、際限なく広がっています。

ピンクタワーは10個の立方体で構成されています。視覚的に大きさの違いを受け取りながら、しだいに子どもたちは自然と「十進法」という概念を感覚的に受け取っていく、と先にお伝えしました。ですが、一方でまだ10を受け取れない子どもがいることも事実です。

先ほど事例で紹介した「ぴったり揃えること」に喜びを見出したE君やF君のようになるのは、実は活動を始めてからずっと後のことなのです。

まだ腕や手が小さいために、大きな立方体を体と心で受け取り切れない子どもがいます。こうした子は早く積みたいという好奇心が先立ち、積めたことだけで楽しいのです。教師はともすると、「十進法」の概念を与えようと躍起になりがちですが、こうした概念を受け取ることはゴールでかまわないのです。私は一人ひとりの子どもの成長をよく観察し、ときどき、ピンクタワーを2つの塔に分けることを試みます。

ひとくみは奇数のタワー（1、3、5、7、9）、もうひとつは偶数のタワー（2、4、6、8、10）です。最初は奇数のタワーだけ紹介しました。なぜなら、10よりも9の立方体のほうが小さい手のサイズに合っているからです。順に積み上げ、5つ積み上げたところで、「できた」というよろこびを味わっていました。

ピンクタワーでのおしごと

ゆっくりひとつずつ重ねていき、一つひとつの大きさの違いを受け取りながら、「わかったよ！」という子ども自身の感動を重ねることが何よりもたいせつなのです。

奇数のタワーの活動に慣れてきた頃を見計

らって、今度は偶数のタワーをじゅうたんの上にランダムに散らばしておきました。
それからしばらくしたある日、その女の子は2枚のじゅうたんを敷き、離れた場所で奇数のタワーと偶数のタワーをそれぞれ積み上げては崩し、を飽きずに繰り返していました。ところがあるとき、1枚のじゅうたんの上に10すべての立方体をばらばらに並べ、大きなものから小さいものへ。一つひとつ積み上げ始めました。
2つの立方体が、ゆっくりとひとつの塔に統合されていきます。10の立方体をすべて並べ終わった瞬間、武者震いをして、目を輝かせ「できた」と叫びました。私はこの日の感動がいまでも忘れられません。

事例2：子どもから湧き上がる自発的なリズムを見逃さない
〈Hくん　4歳の男の子〉

感覚教具【赤い棒】
長さがちがう赤い棒10本。断面はすべて1辺が2.5㎝の正方形。
長さは10㎝ずつ違う。もっとも短い棒が10㎝。もっとも長い棒が1ｍ。
年齢：2歳半〜4歳半
意図的動作：左端をまっすぐにそろえる

間違いの自己訂正：視覚による調和、いちばん短い棒
直接目的：視覚により長さの差を識別する
間接目的：随意筋肉運動、数学的頭脳の形成、メートル法への遠い準備、空間の獲得とバランス

ある日のことです。4歳のHくんは赤いエプロンをして、ピッチャーで水をくみ、「たらい」のなかへ水を注いでいました。慎重に、注意深く注ぎ終えると、指の隅々までせっけんを走らせ、たらいの中でていねいに手を洗っていました。手を洗い終わると、たらいの水を床に置かれたバケツの中に捨てました。ふたたび、ピッチャーを取り、水をたらいに注ぎ、手を洗う。これを几帳面に繰り返すこと3回。「洗えた」という顔つきで赤いタオルをとり、ゆっくりと手をふき終えると、エプロンをはずし、作業終了です。

せっけんで手を洗うことで、Hくんの内面がすっきりしたのかもしれません。その表情があまりにもすがすがしかったので、次に何をするのか、しばらく見守ることにしました。

ほどなくして、Hくんはじゅうたんを取り出すと、教室の左隅の床に敷きました。こうして自分のスペースを確保すると、真逆の方向に位置する窓際の棚へとわき目もふらず

に向かいました。

手にしているのは最短の「赤い棒」です。お友だちの間を上手にすり抜けながら自分の陣地に戻ったHくんは、まずじゅうたんの左端下に最短の赤い棒を置きました。そして立ち上がると、また窓際へ歩いていき、次の棒を取り、自分の場所へ戻りました。この棒は10本あります。行ったり来たりを、黙って繰り返しています。

この「赤い棒」の教具は、もっとも短い棒が10㎝で、もっとも長い棒が1mあります。子どもがこの長くてかさばる棒を運ぶには、全身運動を要します。几帳面に運んでは、長さの順に並べ、往復すること10回。その間、Hくんは誰にも話しかけることがありませんでした。

すべての棒を運び終えると、じゅうたんの上には横向きのパイプオルガンのような、美しいグラデーションが現れました。短い棒から長い棒へ。Hくんは、じっと黙ってその連なりを満足そうに見つめています。

ふいに、いちばん長い棒を両手で持ち上げると、今度は最長を始点に、長い棒から短い棒へ、左右対称に反転させる作業にとりかかり始めました。

いちばん短い棒が頂点に置かれ、一連の作業が終わると、次に短い棒を中心に配置し、長さの順にふたたび棒を並べ始めました。端をそろえるのではなく、最短の棒を始点にして、まんなかを揃えて配列しています。どうやら、赤い棒を繰り返し並べているうちに、配列に潜む、ある「規則性」を発見したようでした。

今度は、いちばん長い棒を頂点に、扇のような逆三角形が浮かびあがりました。その光景を目に焼き付けるようにまじまじと見つめると、またすぐに反転を試みます。

いちばん短い棒が頂点に置かれると、今度はじゅうたんの上に、高くそびえ立つ塔が浮かびあがりました。赤い扇と赤い塔。配列のなかから浮かびあがる、この赤いリズムにつき動かされるように、Hくんは黙々と繰り返し、規則正しく、何度も並べ返し続けました。

赤い棒でのいろいろなおしごと

粛々と作業を繰り返すその姿は、まるで美しい儀式のようでした。

終わりの訪れは突然です。満足そうにすっと立ちあがると、いちばん長い棒を手に持ち、窓の方へ歩き出しました。元の場所へ片づける。その際も、決してはしょることはありません。一つひとつ几帳面に、正確に10往復です。

子どもたちの内側から現れる「規則性」の正確さには、いつも驚かされるばかりです。年齢や発達のタイミングに合わせ、子どもたちはそのときどきで、夢中になって取り組むことのできる、何かしらの興味を示すものです。もちろん、なかには「はしり」と呼ばれる一過性の興味もあるのですが、Hくんの場合は本物です。彼の内側からわきあがる自発的なリズムは、正真正銘、知性そのものでした。

この日は終始、静粛な空気に包まれていたHくんでしたが、その内面は炎のように赤く燃えあがっていたことでしょう。

一連のHくんの動作から、何を読み取りましたか？　もう、お気づきですね。Hくんに、「赤い棒」を最初に提示した先生は、みごとにHくん のなかに潜む、正確さ、几帳面さを引き出したようです。「光を投げかけて、その場を去った」先生に、私は心から拍手を送ります！

この日のHくんの姿を観察していた別の先生が、Hくんの知性を導いたのは赤いエプロン、赤い棒とつながる「赤い色」だったと分析しました。皆さんはどう思われますか？「提示」は場数を踏んで経験を重ねないとなかなか判断が難しいのですが、私はむしろ、「数学的な規則性」に魅かれるHくんの傾向性に注目していました。

案の定、赤い棒の規則性を獲得していたHくんの強い好奇心はさらなる規則性を知りたいという衝動に突き動かされ、その知的要求はとどまることを知りません。

Hくんの知性は自分に「投げかけられた光」を確実に受け止めたようでした。Hくんの目の輝きは、私がその場を去るタイミングを告げていました。

事例3：子どもの「興味」のポイントを見きわめる
〈Dくん、4歳の男の子〉

数の教具【100の鎖】に興味を示したが、持て余した子どもに【色ビーズ】の提示をする理由とは

夏休みや春休みなど、長い休み明けで「おしごと」を再開する日は、その子どもが何に興味を持っているのか、その子がいまどんな「敏感期」にあるのか、私たち教師はいつも以上に目配りをしながら観察する必要があります。

日常生活のリズムから「おしごと」のペースや自分自身のリズムを取り戻すために、子ども自身が混乱しているケースが少なくありません。

夏休み明けの登園日。Dくんはいままで触ったことのない100の鎖のビーズをずるずると引きずって、自分の机まで運んできました。

その様子を見ていたアシスタントが、動揺して私に目で助けを求めてきました。いまのDくんが100の概念を理解するのはまだむずかしいと判断した私は、意図的に別の教具を持ち出し、「先生とこれをやってみない?」とDくんを誘いました。それは、「色ビーズ」のおしごとでした。「やってみたい」とDくんが能動的な反応を示したので、「提示」を始めることにしました。


「これは1です」「1」　「1」

「これは2です」「2」　「1、2」（数えながら。以下同様）

「これは3です」「3」　「1、2、3」

「これは4です」「4」　「1、2、3、4」

「これは5です」「5」　「1、2、3、4、5」

「これは6です」「6」　「1、2、3、4、5、6」

「これは7です」「7」「1、2、3、4、5、6、7」

「これは8です」「8」「1、2、3、4、5、6、7、8」

「これは9です」「9」「1、2、3、4、5、6、7、8、9」


「数える」ということに重点を置き、数えることを楽しむ。これがこのときの提示の目的です。楽しそうに色ビーズを数えるDくんにつられて、興味をもった子どもたちが2、3人、Dくんのまわりを取り囲みました。子どもたちは繰り返し、繰り返し、「見て」「数えて」「楽しんで」数を覚えていきます。次に、

「1はどれ?」「そう」「何色?」「あか」

「4はどれ?」「数えてみましょう」「1、2、3、4」「色は?」「きいろ」

「6はどれ?」「数えてみる?」「1、2、3、4、5、6」「色はうすむらさき」


なんとも気の長い「しごと」ですが、ひとつずつ、ゆっくり数えることで、子どもは数を認識します。ですからあせりは禁物です。はしょってはいけません。

数のいちばんの基本は「数えること」です。ひとつずつ、こうして繰り返しながら数の概念が自然と子どもの脳に伝わり、身についていきます。

けっして教え込むのではなく、能動的に参加し、楽しみながら数える。子どもに「やり方」を示したいなら、子どもの脳のテンポに合わせること。子どもの行動のテンポを分析して手本を示すことがポイントです。

提示をきちんと「受け取ったかどうか」、子どものエネルギーの状態をよく観察する。わからないからといって、つい声をかけたり手伝ったりしてしまいたくなるものですが、「自分で考えて、自分に自信をもたせる」援助でなければ、やはり意味がありません。活動を重ねながら、子どもは無駄のない動きと無駄のない考え方の両方を身につけていきます。こうして内面の秩序を育み、じょじょに論理性を築き上げていきます。

子どもの気持ちになること

ここまで3つの事例を紹介してきましたが、どんなに経験を重ねても、「提示」の秘訣を言葉で解説することはやはりむずかしいと実感します。ただ何かアドバイスできるとすれば、それは「子どもの気持ちになること」これに尽きるでしょうか。

教師の感性の「熱量」を子どもたちはまちがいなく見抜きます。子どもたちはほんとうに正直です。ちょっと言い方は悪いですが「感性でおびきよせる」。

全身全霊を自分の感性に注ぎ、魂の会話を試みる。当然、毎回真剣勝負です。

毎回、こちらの本気度が試されています。けれど、力まず、リラックスした状態でなければ、子どもが逃げてしまいます。だからむずかしいのです。

「こっちへおいで」なんて声をかけるのではなく、自然に寄ってきてくれるのが理想です。「意図的にさりげなくふるまう」ことのむずかしさ、これは、どの先生も感じていらっしゃることでしょう。

たとえば、数えることに夢中になったDくんが呼び水となって、まわりの子どもたちも興味を示し、わらわら集まってきたことは気配でわかりました。でも、私はこのとき、好奇心でのぞきに来た子どもは、そっとそのままにしておきます。

「ホルメ」に導かれ、興奮状態にいる子どもの気持ちにぴったり寄り添うことができたとき、そこにはすばらしい奇跡が起きます。ひとりの子どもの心が「提示」によって集中現象を起こし、集中によってその子の「自由な心」が解放される。すると、不思議なことに、その「自由な心」が他の子どもたちにも自然に伝わることがあります。クラス全体が、「自由な心」で包まれることさえあるのです。

モンテッソーリが考える、自由の定義

子どもの自由な自発性に任せること、これが肝心とはいえ、「自由」は諸刃の剣でもあ

ります。モンテッソーリ教育において、もっとも誤解されていることのひとつとして「自由」に対する考え方があるように思います。

「自分が好きなときに好きなことをずっとしているのでしょう?」

「他人におかまいなしで好き勝手にできるのでしょう?」

こうした質問のあとに続くのは「モンテッソーリ幼稚園に通った子が公立の小学校へ行くと苦労しませんか?」というものです。

モンテッソーリ教育をよく知らない人には「何でも好きなことができる」教育だと思われがちですが、全く違います。制限なしにただ自由を謳歌しているように思われるかもしれませんが、そうではありません。

そこで、マリア・モンテッソーリの考え方に照らし合わせて「自由」を考える必要があります。モンテッソーリにおける自由とは何でも好き勝手にしていい自由ではなく、常に「規律」と表裏一体、コインの裏と表のような関係と捉えられています。マリア・モンテッソーリは「自由がなければ規律は生まれない」と考えました。

モンテッソーリのクラスにある自由とは、運動、表現、選択の自由です。

教室内を自由に動ける運動の自由、おしごとをひとりでするか、お友だちといっしょにするかを選べる自由、自分でおしごとを選べる自由、おしごとの始まりと終わりを自分で決める自由、他の人を観察して、手伝う自由。これらは全く束縛のない、自由奔放ではなく、いずれも何かしらの制限があります。なぜなら、人は他者とかかわらずに生きていくことは難しいからです。誰もひとりでは生きていけないからです。

では規律とは何でしょうか？　規律を子どもと関連づけるなら、いかにお行儀よく振る舞うことを教えるとか、懲罰を与えるとか、上から支配して黙らせるなど、ともするとネガティブなイメージで捉えられることが少なくないでしょう。

モンテッソーリが考える規律には、内的規律（自分の内面が欲するもの）と外的規律（時間、空間、時代によって異なる）があります。

たとえば、モンテッソーリの教室では棚にある教具はひとつに制限されています。自分がおしごとをしたいと思ったとき、他のお友だちがそのおしごとをしていれば、待たなければなりません。これが規律を育みます。この規律があるからこそ、ひとたび自分の番がまわってきたら、好きなだけおしごとをしていい自由が約束されます。このとき、また別のお友だちが待っているかもしれません。自分のおしごとの終わりがお友だちの自由の始まりであり、お友だちのおしごとの終わりが自分の自由の始まりです。

子ども自身の内なる規律とは、環境のなかで子どものなかから自発的に自然に外側に現れてくるものです。自己規律は、親や先生から教えられるものではありません。「これをしたら罰を与える」、または「ご褒美をあげる」ことによって育まれるものではないということです。「静かにして」「じっとしていて」など、命令や禁止によって子どもに恐怖心と恐れを与えてつくられた規律は、本当の規律ではありません。モンテッソーリ教室の環境のなかでは、守るべきルールがあり、他人を傷つける振る舞いや無作法や失礼な行いはしてはいけません。人を尊重しない振る舞い、たとえばお友だちのおしごとを邪魔してはいけませんし、教具を粗末にすることもいけません。何でも自由にしていい自由と、自由選択をして行うことは違うからです。これをきっちり区別しなければなりません。

自由と規律。この2つのバランスがとれた環境であれば、自発的な規律は生まれてきます。子どもの内側から規律が生まれる瞬間を私は何度も目撃しています。子どもたちは内なる規律を自分で構築し、さらに高い自由を獲得し、成長していきます。内なる規律は一朝一夕にできるわけではありません。はじめはカオスです。時間がかかります。ですが、信じて待ってあげると、子どもが可能性として持っている内なる規律を、子ども自身によって獲得することができるようになるのです。

最後に、「自由」をとり違えて混乱の状態にいる子どもたちについても述べておきたいと思います。

混沌の状態にある子ども

本来、子どもの自由意志による行動は無秩序です。いたずらをしたり、無鉄砲だったり、ときに優柔不断で、ときおり、奇声をあげることもあるでしょう。調整のとれた行動に導くには、やはり援助が必要です。

目につく無秩序で調整のとれていない行動を「矯正」しようとするのではなく、子どもの興味をひくような形で提示ができたなら、子どもは内的な要求によって秩序を愛するようになります。

無秩序という現象に付随して現れる、もうひとつの子どもの特徴は、目の前にある事物に意識を集中できないということ。これにはいろいろな理由が考えられます。

好んで幻想の世界へさまよいがちな子どもがいれば、朝、ママに叱られたので心がうつろになっている子どももいます。

子どもたちの精神はつねに「栄養」を必要としていますが、心がカサカサした状態にある子どもは、栄養を受け取ることができません。いつもうつろで空想の世界に逃避したままの状態では、精神的資質を開花させることができません。

キャラクターグッズなどによって、一瞬の興味で心を紛らわせるのではなく、子どもたちは自分を取り囲む現実に注目できる能力を獲得して初めて、内的能力が諸方面で応用されて活かされていくのです。

モンテッソーリが考えた「空想の世界」といえば、かつては小説やおとぎ話、映画などで描かれるファンタジーをさしましたが、現代の子どもたちはテレビのみならず、スマホやタブレットなどのスクリーンを通じた仮想世界に親しむことが日常的になっています。もし、モンテッソーリがいまの時代に生きていていたら、子どもたちの「ネット依存傾向」に対して何というか。聞いてみたいものです。

私は子どもたちがスマートフォンやゲームに親しむことは10歳になってからでも遅くないと考えています。なぜなら、生まれてから10歳までの間の子どもたちは「自由な体と自由な心」を獲得するために、自分で自分の脳と体をつくっているからです。脳の神経回路が組みあがる10歳までにゲームに熱中する習慣ができてしまうと、「ゲームをしたい」と脳が体に指令する神経回路ができてしまいます。また長い時間、タブレットで動画を見続けたり、ゲームに熱中することがある種の中毒になっている人の脳と正常な人の脳とを比較すると、神経ネットワークの活動において低下異常が見られたり、明らかな脳の委縮が認められるといわれています。

とくに、脳の前のほうに位置する、前頭葉、前頭前野と呼ばれる分野にダメージをもたらすことがわかっています。前頭葉は意欲や創造力を司り、善悪の価値を判断する場所です。また大脳の内側面の、脳梁の辺縁を前と後ろに走る前帯状回は人の気持ちや人の痛みに共感する感情の調整をしたり、何が危険で何が安全かを見極めたり、認識をするためにだいじな脳のパーツです。

よく指摘されることですが、ネット依存は眼や姿勢の異常、運動能力や体力の低下をはじめ感覚機能を大いに損なうばかりか、精神的資質にダメージを与えてしまいます。これが、生活習慣の乱れや不登校など数々の問題とつながっていることは想像に難しくないでしょう。

道をはずれた子どもには、高らかに声をかけて、呼び戻すことも必要です。眠っている魂を呼び覚まし、子どもを正しい道に連れ戻すために何より必要なもの、それは、「子どもへの愛情」にほかなりません。

子どもには模倣する傾向があると、先に述べました。ここで気をつけたいのは2歳までの「模倣」と、2歳からの「模倣」の違いを知ることです。2歳までに見られる模倣は正常な特徴ですが、いつまでたっても「人のまねをする」場合、注意が必要です。

自分の意志が「建設」できていないため、どう進んでいいか、何を選んでよいかわからず、ただただ他人のあとをついていくだけ、能力がない証拠です。

まともな模範の跡を選んでくっついていけばいいのですが、こういう子どもは舵を失った船と同じです。風の吹くまま、気の向くまま、流されてしまう。この退化した心のまま大人になるとどうなるか、想像するのはむずかしくないでしょう。

モンテッソーリは言っています。

「退化した模倣は混乱や精神の不安定につながります」*2

これまでは、子どもを援助するため、じゃまにならない注意点ばかりを喚起してきましたが、「意図的な介入」が必要な場合もあります。それは、大人のもうひとつのだいじな援助なのです。

「逸脱した子ども」の心を呼び覚ます方法

意図的な介入が必要な場合は大きく2つあります。ひとつはお友だちのおしごとを邪魔する場合、もうひとつは教具を傷つけるようなふるまいをする場合です。

いつもやさしくするだけではだめで、こうしたときこそ、教師がしっかり締めることができないといけません。それは体罰を与えるとか、厳しい言葉かけをすることではなく、ダメなものはダメと毅然と伝える態度と教師自身の振る舞いの一貫性がとてもたいせつです。

たとえば、いきなり叫び出したり、いつまでもぐずぐずして動かなかったり、だだをこねる子どもを目の前にして「この子はなんて行儀が悪いのかしら」と思うとき、その子を叱りつける前に、教師はまず自らの態度をかえりみる謙虚さを持たなければなりません。

ふらふらと教室から外へ出かける頻度が多くなったなら、それは教室のなかの環境がその子にとって魅力的ではないのかもしれないと疑ってみることです。また次から次へおしごとを変える姿を見て「〇〇ちゃんは集中からは程遠い」と嘆く前に、その子の興味関心にぐっと入り込む提示をしたかどうか、自問自答してみましょう。

大人である私たちは、ともすると、自分の思い通りに動かない子どもや、手に余る子ども、手がかかる子どもに、「悪い子」というレッテルを貼りがちです。モンテッソーリが「逸脱した子ども」というとき、それは「悪い子」ではなく、本来のその子の姿から反れている、あるいは乖離している状態を指しています。

こうした逸脱を本来の「あるべき姿」に導くためには、手を使って集中する経験ができる機会を提供することが近道なのですが、やはりそれには「整えられた環境」が必要です。

モンテッソーリが、こんな助言をしてくれています。

「子どもの内面に由来する規律という現象は、あらかじめ存在しているものではなく、いずれ生じるべきものだということを、私たちは心にとめておかねばなりません。規律という道にそって子どもたちを導くのが私たちの仕事です。規律が生まれるのは、有益な練習だけではなく誤りのチェックをも可能にする教具が子どもを引きつけ、子どもが注意力をその教具に集中させるときです。それらの練習のおかげで、子どもは生まれもった資質を目ざましく〈調整します[*3]〉」

自分で選び、手を使い、繰り返し集中すると、その子の内面から、自ずから規律が湧き上がってきます。するとその子は穏やかさと本来の自分を取り戻します。「新しい子ども」になれるのです。モンテッソーリはこの心理学的な現象を「正常化」と呼びました。そしてこう続けます。

「正常な状態への移行が起こるのはつねに、手でものを扱う作業のあと、そして精神の

集中がともなう作業の後である」[*4]と。

その穏やかさも自発的な規律も、必ずその子どものなかに存在しているのですから、私たちができることはただひとつ。信じて「待つこと」です。

＊1　『子どもの発見』マリア・モンテッソーリ著　中村勇訳　日本モンテッソーリ教育綜合研究所　第11レッスンのテクニック　P139
＊2　『子どもの精神』マリア・モンテッソーリ著　中村勇訳　日本モンテッソーリ教育綜合研究所　第26モンテッソーリ教師と規律　P301
＊3　『子どもの精神』マリア・モンテッソーリ著　中村勇訳　日本モンテッソーリ教育綜合研究所　第26モンテッソーリ教師と規律　P296
＊4　『子どもの精神』マリア・モンテッソーリ著　中村勇訳　日本モンテッソーリ教育綜合研究所　第19子どもの社会的貢献―正常化　P229

Column ⑨

「よろこびとかなしみ」

髙根文雄

第二次世界大戦のはじまりから今日までの約80年あまりのあゆみを体験した一人として、今の世界のようすがなんとなくおそろしく似てきたようなおどろきを感じております。

人間という動物は、どうしてこういう愚かなことばかり繰り返すのだろうと悲しく思うのです。進化するどころか、ますます悪い方へ退化しています。地球という星に生まれて、そのご恩に感謝と感動を忘れてはなりません。

今日はその気持ちをスペインの天才的なチェリスト、パブロ・カザルスの本『パブロ・カザルス　喜びと悲しみ』（朝日新聞社　1991年）の1ページに託して、そのまま引用します。

パブロ・カザルスはケネディ大統領がホワイトハウスに何度も招いていたチェリストで、46歳でテキサスのダラスで暴漢に射撃された大統領の短命を惜しんでいます。それは世界の平和にとって大きなマイナスとなったと嘆き、その悲しみはチェロの大切な音響のごとく響き渡っています。

＊＊＊

一秒一秒私たちは、宇宙のあらたな二度と訪れない瞬間に、過去にも未来にも存在しない瞬間に生きているのだ。それなのに学校で児童になにを教えているのか。2プラス2は4とか、パリはフランスの首都であるといったことは教える。いつになったら、子供たちの何たるかを教えるのだろう。子供たち一人ひとりに言わねばならない。君はなんであるか知っているか。君は驚異なのだ。二人といない存在なのだ。世界中どこをさがしたって君にそっくりな子はいない。過ぎ去った何百万年の昔から君と同じ子供はいたことがないのだ。ほら君のからだを見てごらん。実に不思議ではないか。足、腕、器用に動く指、きみのからだの動き方！君はシェイクスピア、ミケランジェロ、ベートヴェンのような人物になれるのだ。どんな人にもなれるのだ。そうだ、君は奇跡なのだ。だから大人になったとき、君と同じように奇跡である他人を傷つけることができるだろうか。君たちは互いに大切にし合いなさい。君たちは〜われわれも皆〜この世界を、子供たちが住むにふさわしい場所にするために働かねばならないのだ。

私は今までになんと驚異的な変化と進歩を目撃してきたことだろう。科学も産業も宇宙開発もまさに驚異的進歩を遂げた。それにもかかわらず、世界は今も飢餓と人種上の圧迫と独裁に苦悩している。われわれの行動は依然として野蛮人に等しい。未開人のように地球上の隣人を恐れる。隣人に向かって武器をもって防衛する。隣人も同様である。私は人間の掟が殺すべしという時代に生きなければならなかったことを嘆く。

いつになったら、人類が同士であるという事実に慣れ親しむときがくるのだろう。祖国愛は自然なものである。しかし、なぜ国境を越えてはならないのか。世界は一家族である。われわれ一人一人は兄弟のために尽す義務がある。われわれは一本の木につながる葉である。人類という木に。

第6章　想像力で世界へ羽ばたく、子どもたち

はじめの6年間（0〜6歳）に、人格形成として「ひとりでできるように手伝ってください」と自我を築き上げてきた子どもたちは、次の6年間（6〜12歳）でさらなる変容を遂げます。最終章では、これまで紹介してきた子どもたちがどんな大人になっていくのか、その可能性の片鱗を、マリア・モンテッソーリ・エレメンタリースクールの子どもたちを通して駆け足でお伝えして終わることにしましょう。

ひとりで考えることを手伝ってください

発達の第二段階、学童期（6〜12歳）の子どもたちの身体はすでに土台ができ、病気にも強く、身長が伸びるくらいでさほど大きな変化はありません。

それで「安定した成長期」と表現されますが、一方の精神面は飛躍的な転換を迎えます。この時期の子どもたちは、「ひとりで考えることを手伝ってください」と、知的な自立へと向かっていきます。子どもたちは、より広い現実を知りたいと思っています。もっと広くいえば、宇宙を吸収しようとしています。マリア・モンテッソーリは「宇宙教育」という概念をとても大切に考えました。なぜなら、子どもが環境とかかわるとき、世界と私をつなぐ「関係性」というものが非常に重要になってくるからです。

モンテッソーリの非常にユニークな宇宙感覚をひと言で表すなら、「人類はひとつであり、すべてのものが宇宙のなかで影響し合って成り立っている」という世界観です。万物を支配している宇宙的秩序のなかで「自分の立ち位置」を知る、といいかえてもいいでしょう。さまざまな国の民族が異なる文化や習慣や道徳観を持っていますが、彼らは皆「人類」という共通点でつながっています。そして、私たち人類は人間以外の植物、動物、鉱物の世界すべてとの相互関係によって成り立っています。すべてのいのちはそのものひとつ、単独で存在しているのではなく、互いに依存しあい、関係をもって存在しているという深い洞察に基づく理解です。

マリア・モンテッソーリはこの時期の子どもの可能性を引き出すために、「私たちの子どもたちに宇宙全体のビジョンを与えましょう」と、唱えました。また、私たちが触れるものすべて、分子レベル、細胞レベルで広い宇宙の知識というものがなければ、私たちの存在は説明できないと考えていたようです。

宇宙的秩序というまなざしをもって、人類と人類を取り囲む環境全体を認識する。今日の環境問題を先取りするかのような、モンテッソーリのエコロジーの概念には驚くばかりです。宇宙的視野で自分自身を地球生命体の一員として俯瞰できるかどうか。この壮大なビジョンは子どもたちの社会性の発達を考えるうえでも、モンテッソーリ教育を真の意味で理解するうえでも、とてもたいせつになってきます。同時に、この大いなる世界観は、

6～12歳の発達段階における子どもたちの知性を、よりよい方向に導くための大きな羅針盤となっているのです。

この時期の子どもの発達を援助することとモンテッソーリの宇宙教育がいかに分かちがたく結びついているか。この時期に現れる、子どもの発達の特徴とあわせて見ていくことにしましょう。

6～12歳の子どもが文化を学ぶ鍵は想像力です。6歳までに「感覚」を通して身近な環境から学んできた子どもの興味は、その閉じられた空間を飛び出し、より大きなものを知ろうとします。たとえば、目に見えない「宇宙」や「歴史」について、「想像力」を使って学びます。そうして、世界中にある文化や知的遺産を知っていきます。

また、6歳までの子どもは「これ、なあに？」と物とその名前、出来事（現象）自体に興味を持ちましたが、6～12歳になると「なぜ？　どうやって？　いつ？」と物と出来事（現象）の関係性を知りたがります。

その興味の違いを示す、こんな有名な例があります。3～6歳のクラス（幼稚園）と6～12歳のクラス（小学校）の子どもたちがいっしょに金魚を飼っていましたが、ある朝、子どもたちが来ると、金魚がみんな死んでいました。3～6歳の子どもたちはその事実に注目して、「金魚が死んだ！」「金魚が死んだ！」と大騒ぎです。一方の6～12歳の子どもたちは、

「なんで死んだの？」「餌のせい？」「水温？」と、その原因、理由に強い関心を示したのです。「世界はどんな場所なのか」「世界はどのように機能しているのか」、そして、それらが生命にどのような影響を与え、人類の活動や場所にどのような影響を及ぼすのか。彼らは知りたいのです。

「なぜ？　どうして？」。止むことのない子どもたちの知的な疑問に、私たち大人はどう答えるべきか、うろたえてしまう場面もあるかと思います。そんなときは、「私もわからないけれど、いっしょに調べてみようか」というような態度で、子どもに接すればよいでしょう。なぜなら、子どもは自らの興味に応えてくれる情報を求めてやまない存在だからです。好奇心で燃え上がる彼らの魂は、世界を知るために自らを助ける鍵を発見します。想像力こそ、その鍵です。

「世界は何であるか」。その答えはすべて、子ども自身の想像力によってもたらされ、子どもたちは目に見えない世界に対しても、想像力を使って、抽象的な思考を自ら育み、世界を探検していくのです。

この時期の子どもの特徴のひとつとして「グループを作りたい」「仲間といっしょにいたい」という欲求があります。グループを中心に行動することや、学習することを好むようになり、大人顔負けの議論を友だちと交わしながら、学習を進めていきます。こうして、子どもはひとりではなく、「仲間」と学んでいくという段階に入っていきます。自分が知りたいこと、そして知りえたことを他者とシェアしたくなる。社会性がぐっと広がりを帯びる時期です。

社会性とは「私とあなた」というひとつの世界、人間関係をつなぐ、架け橋のようなもの。他者とかかわるには言語が必要となってきますが、それ以前に、子どもの内側から湧き上がる、「友だちと何かを分かち合いたい」という欲求は、実はとても高度な精神性の現れだということに、私たちは気づかねばなりません。

なぜなら、その営みは自分の目の前に広がる世界から吸収したあらゆる事象や知識をいったん自分の頭の中で抽象化し、他者と分かち合うために、自分の言葉で再認識し、世界を再構築する行為そのものだからです。

自分が感じた世界を表現したい。仲間と分かち合いたい。その思いに駆られた子どもは、ときとして自分のほとばしる感情に言葉が追いつかないこともあるでしょう。

そのためにも、この時期にはできるだけ、子どもたちに社会とのかかわりを持てるような環境を提供することがだいじになってきます。社会といっても、はじめは大きなグループではなく2、3人の小さなグループのなかで、共に探求し合うことが、この時期の子どもには適しています。大人の役目は世界がどんなものであるかを知識として教え込むので

正五角形をどのように分割したら長方形になるのか。教具のピースを動かしながら、友だちといっしょに試行錯誤

はなく、できるだけ子ども自身が体験できる機会を与えることです。

外へ出かけよう

また、この時期の子どもたちは体験することがよりだいじになってくるため、モンテッソーリは「外に出かけよう」と呼びかけています。

この時期の子どもたちが求めている答えは、どんなに整えられた環境であったとしても、お部屋のなかだけで見つけることができません。なぜなら、それは、外の世界にあるからです。そこで、子どもたちはこれまで「おしごと」をしていた室内を飛び出し、外の世界を体験しながら学んでいきます。自然のなかで学べる環境であれば、なおいいですね。

外に出かけ、課外授業を行い、実際に植物

や動物など実物を見て、触れて、体験しながら学ぶというスタイルが重要になってきます。そして自分が見たものを、自分の手を使って模型で再現するなど、子どもたちの自由な発展的学習を尊重していきます。たとえば、シダ植物の分類とその一生について教室で調べた子どもたちは、「では実際に、身の周りにはどんなシダ植物があるのだろう?」と外へ出かけます。外へ出て、シダ植物の好きな環境を探索したり、採集活動したり、本物のシダを探索して歩いた後、ふたたび教室に戻り、標本づくりに夢中になりました。図鑑で得た知識と本物から得た知識。比較してみれば、いったいどちらが彼らの好奇心を燃やし続けるか。彼らの姿を見ていると明白ですね。

モンテッソーリがいう「外」とは外界の自然のみにとどまらず、ときにそれは博物館や水族館であったり、製菓工場であったり、コンサート会場であったり、自動車の製造工場であったり、街でのフィールドワークであったりします。その道の専門家に話を聞き、答えを求めることもしばしばです。

こんなこともありました。プラスチック問題の現状に関する新聞記事や本を読んだことをきっかけに、身の周りのプラスチックについて調べることにしたグループがありました。最初はプラスチックにはどんな種類があるのか調べていた子どもたちが、最終的に行き着いた場所は海でした。海まで出かけ、実態調査を計画・実施した子どももいました。

「わあ、この葉で光合成をしているんだね。水の通り道が見える！」
校外へ出て、本物の植物に夢中になる子どもたち

人間が排出しているゴミがやがて海に流れ着き、海洋プラスチックになることや、マイクロプラスチックという小さいプラスチックになること、それだけでなく、海に生息する哺乳類が誤ってプラスチックを食べてしまうことや海洋ゴミに絡まり命を落とすことをも知りました。

彼らの学びは、こうした知識だけにとどまりません。いつ出発して、いつ帰校するのか。どのような経路で海まで行くのか、電車の運賃はいくらかかるのか、調査のために必要な持ち物は何か、記録はどうするのかなどなど。外へ出かけるための準備も、子どもたち同士で余念なく行いました。また、調査結果をどのように表すのかについても、友だちと顔を突き合わせて相談していました。何も知らない大人がその

光景を一見したら、ひょっとして毎日教室ではおしゃべりに夢中になっているように見えるかもしれません。けれど、よく観れば、彼らがどれだけ真剣か、どれだけ夢中になって取り組んでいるか、きっとおわかりになることでしょう。

実際に、外へ出かけるまで、出かけるときの大人（教師）の役割は安全を見守ること。これにつきます。

「外へ出かけること」そして「友だちといっしょに学ぶこと」が、この段階の子どもたちをどれだけわくわくさせるのか、どれだけ多くの学びをもたらすのか。実感する毎日です。

まず全体を与え、それから細かいところへ

0〜6歳の子どもたちは「自分自身をつくる」ために手を使いました。手を使って自分をつくるという土台をもった子どもたちは、6〜12歳になると、自分の手を使って世界を再現する、想像力を用いて世界を自分の頭の中にクリエイトし始めるようになります。

この創造活動を行う子どもへの援助として、モンテッソーリは私たち大人へ示唆を与えるかのように、こんな言葉を残しています。

「全体から細かいところへ」

すべてのものを知りたがるこの時期の子どもに、想像力の助けを借りて、最も大きいもの「宇宙」を与えます。最初に最も大きな「宇宙」を与えることは、地球、生物、人間が相互に依存（関係）し合って世界ができていることを理解するための頼もしい手がかりとなります。子どもたちはそれぞれを細かいところ（部分）を学んでいく過程で、それらすべてが相互に依存し合い、世界が成り立っていることを知るのです。いろいろな事象や概念を視覚化したチャートや真実に基づいたストーリーは、子どもたちの想像力を大きく羽ばたかせます。

この言葉の真意を私なりに想像してみるならば、世界というものは心理的に想像を通じてつくりあげられていくものであるが、それはまず、現実を通じて、細部まで学ぶことで初めて全体を想像することができるようになるということだと思います。あなたが子どもだった頃を思い出してみてください。

たとえば、デイジーの花弁やサボテンの新芽はどんな形をしていましたか？　その匂いや幾何学模様の美しさに感動したことはありませんか。たとえば、蜘蛛がおしりから糸を出しながら巣を編んでいく姿を、幼い頃、時間を忘れて眺めたことはありませんでしたか？　蜘蛛の巣が織りなす規則性の確かさに、心震わせたのではないですか。

たとえば、とうもろこしを構成する実の粒が、どうして六角形なのか、疑問に思ったことはありませんか？　蜂の巣やスポンジから泡立つシャボン玉の型もまた六角形であることを発見して、興奮したことはありませんか。自然界が織りなす調和と均整のとれた美しさやデザインの法則性。それらすべてが子どもたちに無限のヒントを提供する大いなる教師となるのです。

細部の認識は想像のうちに育まれていくものですが、実物を見ることで、子どもたちは次第に、あらゆる事物の普遍的な中心を自ら発見していきます。そしてやがて、世界を構成するあらゆる細部は宇宙全体という広がりをもって達成されることを知り、驚きと深い満足感を覚えていきます。

「生命の神秘」という名の、はてしない物語

この時期の子どもたちは地球の創造的パワーを愛します。物理的、化学的、生物学的に研究されている法則性を持ったエネルギーを探求したいのです。

子どもたちは海洋の生命の大きさや鉱物が内包している、とてつもない時間の流れを想像することが大好きです。ニシンが一度に7万の卵を産むことや、澄んだ夜空に輝く星の数や、顕微鏡から覗いた一滴の水のなかに数百の微生物のいのちを自分の目で確かめた

いと欲しています。生命は進化という名の冒険好きで、子どもを飽きさせることがありません。宇宙は子どもたちに「生命の神秘」というグレートストーリーを物語る、偉大なストーリーテラーです。

こうした物語が子どもたちに与える賞賛と驚きは子どもたちの内側にある、さらなる大きな興味を呼び覚まし、決して枯れることのない、泉のような知性を湧き上がらせます。想像することは単純な興味以上の豊かな感情をともなう発見であり、同時に子ども自身の魂の発露だからです。想像力によって子どもの知性は組織化され、より深い段階で体系化されていきます。

物言わぬ感覚教具が子どもたちの可能性の扉を開けたように、自然や宇宙は子どもの知性の扉を開く、物言わぬ鍵というわけです。かのアインシュタインも「想像力は知識よりもたいせつだ」と言っているではありませんか！　彼は、こう続けました。「知識には限界がある。想像力は世界を包み込む」。

宇宙教育の行き着く先は、平和教育

モンテッソーリは子どもに宇宙の物語を示すことで、想像力を再構築するために無限で神秘的な体験、「燃えるような想像のボルテージ」を与えることができると考えました。

それは「すべての学びはつながっている」ことを示す、宇宙のビジョンです。ではいったい、モンテッソーリは、この宇宙教育の行き着く先に何を見ていたのでしょうか。宇宙教育の行き着く先は、平和教育にほかなりません。ここでいう平和とは宗教的な意味ではなく、人間としてお互いの価値を認め合って尊重し合うという意味においての平和教育です。いうまでもなく、宇宙的秩序のなかで、万物はつながっているというビジョンに支えられた平和です。

「真の平和というものは調和が君主する世界を構築するという思想において、人間の正義と愛の勝利の上に成り立つものである」とモンテッソーリは語っていますが、おそらく平和というコンセプトなしに、大人たちは子どもとかかわることは難しいでしょう。なぜなら、彼らは「何が正しく、何が悪いか」、善悪にとても敏感だからです。とくに6～12歳の子どもたちは、いわゆる「正義の敏感期」の、真っ最中にいるのですから。

ふたたび、生まれ変わる子どもたち

発達の第二段階である6～12歳で、宇宙などの外の世界に興味があった時期から、やがて思春期と呼ばれる第三段階、12～18歳では社会のなかでアイデンティティーを確立する時期にさしかかります。子どもたちの興味は自分自身に対する興味に変わっていきます。

この時期は「ふたたび誕生する」、生まれ変わると表現されるほど、激しい変化が起きます。身体面では大人の体になって、生殖が可能になります。新しい身体的特徴を得て、心も体も不安になります。周りから自分がどう思われているか、自分の属しているグループに受け入れられているか、を非常に心配します。私たち大人にはたいしたことと思われない些細なことにも敏感に反応し、不安定な分、とても傷つきやすくなっています。

さらに、「私は何者か？ どこからきて、どこへいくのか」こうした根源的な問いかけの答えを求める時期でもあります。家庭は子どもたちのこうした根源的な問いかけに応えてくれる場所ではなく、子どもたちの目はもっと社会的な場へと向かいます。家庭は環境としての優先度が低くなるため、モンテッソーリは思春期の子どもたちには仕事と責任を与えなさいと言いました。この時期の子どもたちは著しい体の変化で持て余されたエネルギーを発散させる場所と同時に、権利を持って社会に入る手助けを必要としています。この2つの課題を解決するため、モンテッソーリは「大地の子」というものをつくりました。

「大地の子」とは、この時期に子どもたちが家族と離れ、農場で穀物や動物を育てながら別の思春期の子どもたちと「共同体」をつくって過ごす場所です。自分たちでつくった作物を売ったり、見学に来たゲストを泊めたりすることで、自分でお金を稼いで自分たちで工夫し、話し合いながら運営していきます。

モンテッソーリ教育によって健やかな人格が形成された子どもたちも、やがて成熟期を迎えます。安定した成長の時期となる、発達の第四段階です。

自分で決断して、自分が進むべき方向性、つまり自分の職業や専門性を選択する時期です。自分で選んだ職場や大学、研究所のなかで、自分が決めたことを学び、いよいよ実社会へとはばたいていきます。

ここでモンテッソーリは人が実社会に出るときに、とらわれがちな3つの誘惑があると言っています。その3つの誘惑とは

●自分のために力を使う誘惑
●何かを所有したい、財産を持ちたいという誘惑
●楽に生きていきたいという誘惑

これまでモンテッソーリ教育で心身ともに健やかな人格形成の土台を育まれた子どもたちはこうした誘惑にとらわれない強さを持っています。

希望の教育が育む、平和な心

モンテッソーリ教育で育った子どもは「ひとりでできた」という喜びを知っています。

その喜びから、お友だちにも教えてあげようという思いやりの心が育っています。さらにお友だちに教えてあげる喜びを知り、共に「できた」と喜びを分かち合えるようになっています。ですから、自分のためだけに力を使う誘惑とは無縁です。すべてを手伝うのではなく、お友だちがわからないところだけ手伝える子は、社会に出ても、困っている人の困っている部分だけを手伝い、あとは自分の目的に向かえるようになります。

財産を持ち、独り占めするよりも、貧しい人に施し、少しでも人のお役に立ちたい、周りにいる人を平和にしたいという心に溢れているので、世界を豊かにします。

つまり、「思いやり」「人の役に立ちたい」「平和への貢献」、この3つを実現できる教育がモンテッソーリ教育なのです。

いま、世の中を見まわしてみますと、身なりは立派ですが、心理面ではまだまだ未熟で、思春期の子どもにさえ至っていない大人を見かけます。

どの段階も十分に自分自身の人生を生きなかった人間は「またそこに回帰する」とモンテッソーリは指摘しているのです。厳しいですね。

私がお話した「落とし物」の話を覚えていますか。「落とし主を探しにくる、落とし物」の正体は、まさしくこれです。

もしかしたら、本書を読み進めるうちに、自分の子ども時代を思い出し、自分自身がたくさんの「落とし物」をしていることに気づいて、内心ドキドキしていたパパやママがいるかもしれません。でも、安心してください。

マリア・モンテッソーリがめざした教育は希望の教育です。

最後にもう一度、「球根の発達の四段階」の図（51ページ）をご覧になってみてください。はちきれんばかりの赤い球根の先端が上を向いていることに気づくことでしょう。たとえ敏感期を逃してしまっても、生命は何度でも挽回のチャンスをうかがってあなた自身を追いかけてきます。たとえば、大人になってからふと、心の奥に隠されて気づかなかった興味対象が、よみがえることはありませんか？

「本当は画家になりたかった」「子どもの頃は野球の選手になるのが夢だった」「ピアニストになりたかった」……と、そんな具合に。

確かに幼い頃、敏感期の力を借りて習得できれば、いとも簡単に吸収できたかもしれません。残念ながら敏感期のタイミングを逸してしまったいま、体得しようとすれば、かなりの努力が必要になります。それでも「やりたい！」という衝動が湧き出てくるなら、その興味は本物です。時間はかかるかもしれませんが、必ず「できた！」という喜びに包まれる日が来ることでしょう。

元気に咲いたひまわりの花。そのつくりや、美しい花弁の並び方に魅せられ、いま、まさに花の解剖に取り組み始めている

私たちの生命は最後まで上向きに成長し続けます。モンテッソーリは私たちにこう語りかけます。

「いまこのときを、よりよく生きること」

私たちの生命はそれぞれの発達段階を十分に生きることによって身につけた知識や知恵や技術とともに次の段階に進んでいくことができるのです。ここに、モンテッソーリ教育のエッセンスが凝縮されていると私は信じています。

Column ⑩

「After you！（お先にどうぞ）」は平和の素《もと》

髙根文雄

東京でオリンピックを開催するというので、テレビでは連日「あの子を追い越せ、追い抜け」と、子どもたちを練習に駆り立てているシーンが放送されています。本当に怖いですね。教育とはまるでかけ離れた世界を見ているようです。

子どもの頃、田植えの時期に大人たちが田んぼで牛や馬のお尻を鞭で叩いている光景をよく目にしました。子ども心に「ひどいことをするなあ」と思ったことを覚えています。テレビで流れてくる光景は鞭で打たれているのが人間なのですから、なおさらです。

鞭打って「追いつけ、追い越せ」と大人が煽っている。その子の人格など無視して、「練習しろ、練習しろ」と言っています。まるで横一列に並ばせられた競馬のレースを見ているような気持ちになります。

大人たちの役割は鞭を打つことでも褒美をあげることでもありません。

もし、子どもの成長を助けたいと思うならば、私たちはまず、子どもを受け入れることからはじめなくてはなりません。そして、子どもの力を信じることです。

それさえできれば、子どもたちは必ず、微笑みます。そこから初めて学びがはじまるのです。そうでないと、押し付けになってしまいます。大人が自分本位で、自分の満足のために教える教育はよくありません。大人都合の教えを子どもは見抜き、嫌います。嫌われてしまうから、大人は子どもを叱らなくてはならなくなる。たいがい、この悪循環なのです。とはいえ「何とかしなくちゃ」と大人が身構える必要はありません。何とかしなくて大丈夫。

Accept（受け入れる）→Trust（信じる）→Smile（微笑む）

これさえできれば、子どもたちは自分で成長していきます。

教育とは「追いつけ、追い越せ」と競争を煽るのではなく、お互いを尊重し、譲り合う心を育てるものです。

モンテッソーリのクラスは縦割り編成です。また、おしごとに使う教具は1組ずつ用意されているのが原則になっています。なぜなら、それによって「待つことを学ぶこと」ができるからです。待つ間に心から「やりたい！」という意欲が湧き上がってきて、いよいよ順番が回ってくると、本気で取り組みます。

小さな子どもたちのなかにも自然と仲間意識が芽ばえ、できない子どもたちを自ら進んで助けようとします。年上の子どもは自分の体験から年下の子どもが困っているところがよくわかるので、大人よりも上手に手伝うことができます。年上の子どもには知らぬ間に弱い者に対する思いやりが、手伝ってもらった年下の子どもには感謝する気持ちが芽ばえます。と同時に自分も同じ年になったら、お兄さん（お姉さん）のようになりたいという尊敬の心が育っていきます。

こういう経験を繰り返すと、子どもは喜んで待つということができるようになり、同じように待っているお友だちのことも尊重できるようになるのです。

子どもが必要としているのは「追いつけ、追い越せ」ではなく、「After you!（お先にどうぞ）」の心が育まれる環境です。

「お先にどうぞ」という長い日本語よりも「アフターユー」という短い挨拶が使いやすいと私は思っていますが、宣伝が足りないのか、なかなか普及しません。ことわざでは「急がば回れ」といわれたものですが、これも今はだんだん通用しなくなってきました。

みんなが気ぜわしく働くものですから、人々の落ち着きがなくなり、交通事故のニュースは日々あり、そのなかには多数の人が死亡する例もたくさん耳にします。

エレメンタリーの子どもたちが私の「アフターユー」に倣って、少数ながら、この「アフターユー」を実践してくれています。この子たちが「種」となって、あちこちに芽を出し、花を咲かせてくれたら、と願っています。なぜかといえば、それは大切な「心」を育てるための「合言葉」だからです。

マリア・モンテッソーリ先生は「子どもは大人の先生」と教えています。だから、幼稚園の先生や学校の先生たちは、いつも子どもの前に立つのではなく、横か少し後ろにいて教えているのです。前に立たなければならないときも、気持ちは横か後ろにいる気持ちを忘れません。

世の中はオリンピックめざして、「いそげ、おいこせ、まけるな、がんばれ」などの声で騒がしい毎日です。

心こそ心まどわす心なり　心に心、心ゆるすな

この詩は私の兄が障子に筆で書き残していったものです。そして兄は神風特攻隊として三重海軍航空隊に入隊していったのです。私が小学6年生のときです。

この詩は私の心にいまなお深く刻まれています。

「アフターユー（お先にどうぞ）」と言える子どもが増えれば、世界はきっと平和になるでしょう。

（2018年記）

おわりに

私は半世紀以上、子どもたちと毎日過ごして参りました。無限大の可能性を持ち、神秘的で偉大な「いのちのちから」を輝かせている子どもたちの尊い姿は毎日が発見であり、奇跡の連続でした。子どもは一人ひとりみんな違いますが、自分で選び、自分の手を使っておしごとを始め、集中を繰り返すうちに、マリア・モンテッソーリの提唱する「新しい子ども」が出現するのを何度も目撃して参りました。この喜びは何にも替えがたい感動であり、幸せです。

モンテッソーリの理論に照らし合わせ、私なりの実践と故・髙根文雄が遺した手記を本書にまとめるにあたり、思った以上に時間がかかってしまいました。その間、多大なる助言と励ましを与え続けてくださいました野原由利子先生に、心より感謝申し上げます。

出版にあたりましては、前之園幸一郎先生に素敵なお言葉をお寄せいただきました。髙根文雄も喜んでいることと思います。

また、わが園の過去の資料を大切に保管し、惜しみなく提供くださった加来姫子さん、何度も何度も原稿の読み合せに根気強くおつき合いくださった竹下滋子さん、ありがとうございました。

モンタナーロ先生のご著書『いのちのひみつ』出版の際からご縁をいただいていた編集担当の山本直子さんと砂塚美穂さんのご協力のおかげでようやく仕上げることができました。多くの皆様に大変お世話になりましたことに、ここで御礼を申し上げます。

そして、いつも支えてくれる家族と、何よりも子どもたちに、心から感謝を申し上げます。

髙根澄子

参考文献

『子どもの発見』　マリア・モンテッソーリ著　中村勇訳　日本モンテッソーリ教育綜合研究所
『創造する子供』　マリア・モンテッソーリ著　菊野正隆監修　武田正實訳　エンデルレ書店
『1946年ロンドン講義録』　マリア・モンテッソーリ著　中村勇訳　風鳴舎
『いのちのひみつ』　シルバーナ・Q．モンタナーロ著　マリア・モンテッソーリ教育研究所訳・監修　KTC中央出版
『マリア・モンテッソーリの実践理論』　マリア・モンテッソーリ著　クラウス・ルーメル、江島正子訳　サンパウロ
『幼児の秘密』　マリア・モンテッソーリ著　鼓常良訳　国土社
『幼児の秘密』　マリア・モンテッソーリ著　中村勇訳　日本モンテッソーリ教育綜合研究所
『子どもの精神』　マリア・モンテッソーリ著　中村勇訳　日本モンテッソーリ教育綜合研究所
『子どもから始まる新しい教育』　マリア・モンテッソーリ著　AMI友の会訳・監修
『子どもの何を知るべきか』　マリア・モンテッソーリ著　鈴木弘美訳　エンデルレ書店
『人間の傾向性とモンテッソーリ教育』　マリオ・モンテッソーリ著　AMI友の会訳・監修
『新しい世界のための教育』　マリア・モンテッソーリ著　関聡訳　青土社
『人間の可能性を伸ばすために』　マリア・モンテッソーリ著　田中正浩訳　青土社
『児童期から思春期へ』　マリア・モンテッソーリ著　クラウス・ルーメル、江島正子訳　エンデルレ書店
『モンテッソーリの発見』　E．M．スタンディング著　クラウス・ルーメル監修　佐藤幸江訳　エンデルレ書店
『マリア・モンテッソーリ』　H．ハイランド著　平野智美、井田麻里子訳　東信堂
『パブロ・カルザス　喜びと悲しみ』　アルバート・E．カーン編　吉田秀和、郷司敬吾訳　朝日新聞社

◇寄稿1◇

モンテッソーリ教育へのいざない

前・モンテッソーリ協会（学会）会長
青山学院女子短期大学名誉教授　　　前之園幸一郎

この度、モンテッソーリ教育について学ぶために、きわめて参考になる貴重な図書が出版された。髙根文雄先生髙根澄子先生ご夫妻共著の『いのちのちから―マリア・モンテッソーリがほんとうに伝えたかったこと―』である。本書の根底を流れているのは妊娠直後の受精卵にはじまる人間の「いのち」の神秘さへの厳粛で畏敬に満ちたまなざしである。幼い子どもの内部には自然によって与えられた「目に見えない先生」が存在している。その先生に導かれて子どもは自らの力で発達を遂げている。この真実を深く心にとめて、大人は子どもの魂に仕える奉仕の役割に徹すべきだと説得的に述べられている。本書にはまた、モンテッソーリ教育についての深い理解と長年にわたる豊かで多様な経験を踏まえた、「横浜・モンテッソーリ幼稚園の現場から」の章が設けられている。日々の子どもたちの生き生きとした様子が、実践記録として丁寧に、また克明に記されていて実に興味深い。

個人的にも髙根先生ご夫妻には大変にお世話になっている。1969年に町田市山崎団地にたかね保育園が開設された。その開園と同時に2歳半になる私の長女は入園が許可された。共働きで育児の問題で苦慮していた矢先に、近くに保育園が開園されるとの朗報を耳にして、私は早速入園説明会に出席した。その50数年前のことが今もよみがえってくる。さらにその9年後に長男がまた、たかね保育園にお世話になることになった。長男も保育園が大好きで毎日楽しみに登園していた。それは文雄先生による楽しい工夫に満ちた園庭の環境整備に大きな理由があった。保育園の左側はゆるやかに傾斜する丘になっていて樹木が心地よい木陰をつくっていた。文雄先生はこの樹木の枝に子どもたちが安全にぶら下がったり登ったりできるように工夫を凝らして、小さな屋根付きのおとぎの基地まで作っておられた。園庭には砂場あり、草花の茂みありで、この保育園はそこにいるだけで楽しくなる雰囲気にあふれていた。文雄先生は毎日その園庭で子どもたちといっしょに過ごしておられた。

ある日突然にローマから一通の便りが舞い込み、モンテッソーリ教育に正面から向き合わなければならない事態が生じた。ローマ大学に留学したときの恩師であるマウロ・ラエング教授からの招聘状である。２０００年11月に開催予定のイタリアモンテッソーリ協会が主催する「21世紀とマリア・モンテッソーリ」国際会議に出席して、日本におけるモンテッソーリ教育の現状について報告するようにとの内容であった。面食らった私は、すがる思いで文雄先生にご助言を求めた。文雄先生は快く耳を傾けてくださり、上智大学のルーメル先生に相談に行くようにご助言くださった。ルーメル先生から日本モンテッソーリ協会（学会）の現状の説明を受け、それをもとに報告書を作成した。２０００年11月、モンテッソーリの生誕の地イタリア・キアラヴァッレで開かれた国際会議で、無事イタリア語で発表を行うことができた。文雄先生の優しいご助言とモンテッソーリ教育についての深いお話のおかげだと感謝している。

◇寄稿2◇

モンテッソーリが理想とした「新しい子ども」たち

名古屋芸術大学名誉教授　野原由利子

モンテッソーリ教育の精神と内容を、高根学園の実践から学ばせていただけるようになって、かれこれ20年近くなります。

高根学園が果たしてきた役割として、特筆しておかなければならないことの一つは、設立者である高根文雄先生がAMI（国際モンテッソーリ協会〈オランダ〉）から要請を受け、20年間、国際モンテッソーリ協会の理事を務められたことです。モンテッソーリの精神、教育内容・方法が歪められて伝えられることがないよう、澄子先生と協力しながら、自園で地道に実践を模索し構築されながら、モンテッソーリ教育の日本への正しい導入・普及のために尽力されてきました。

そして、ヨーロッパからモンテッソーリ女史の教えを直接受けた先生方をお招きし、乳児アシスタント・トレーニングコース（0〜3歳）、国際モンテッソーリ小学教員資格取得コースを開催なさいました。いずれのコースも日本で初めてAMIの本部が公認したものです。

とりわけ、故・シルバーナ・Q．モンタナーロ博士を招き、7期に渡って行われた乳児アシスタントコースが、その後の日本の乳児保育の礎を築いたことは周知の通りです。そもそもこのコースが開催されたのは、たかね保育園における乳児教育の在り方に、故・アントニエッタ・パオリーニ女史が感激されたことがきっかけでした。パオリーニ先生の強いご意志により、高根夫妻はまずモンテッソーリ教育研究所を設立されました。理論の文雄先生、実践の澄子先生。研究所にお

ける お2人の活動が認められたからこそ、7期に渡るコース開催が実現したといえましょう。

また、マリア・モンテッソーリに直接師事したAMIの先生方を多数招き、日本で講演していただく機会を何度もつくり、モンテッソーリの精神の種を全国に蒔いてくださいました。いまでは日本に9つの教師養成コースがありますが、AMIからの教示を直接継続的に受け続けていたのは髙根文雄先生でした。

故・相良敦子先生と横浜・モンテッソーリ幼稚園を見学させていただいたときのことが忘れられません。相良先生は「ここの園の子どもたちは、モンテッソーリが理想とした『新しい子ども』たちに育っているわ!」とおっしゃって、本当に驚かれていました。算数や世界地図の能力がしっかり身についているだけでなく、「子どもたちの人柄、人格が素晴らしい」と。思わず共感し、感激し合って握手し合っていました!

日々、おしごとを通じてさまざまな困難なことに向き合い、「できた!」という喜びを繰り返し体験しているので、どんなことにもおじけづくことなく、挑戦することができる子に成長しています。またモンテッソーリのコスミック教育が自然に身についているので、自分の命、そして他人の命、すべての命がどれほど貴重な存在であるかを知っています。世の中のためになる人になりたい。こうした思いが決してお仕着せではなく、子ども自身のなかから生まれ、育っています。

髙根ご夫妻が切り拓いてこられた足跡を私たちが学び直すことは、未来に続くモンテッソーリ教育を考えるうえで、この上ない宝物になると信じます。

◇講演会

2003 年 11 月

「親になる準備のコース」《シルバーナ・モンタナーロ》

2005 年 1 月

「成長期へのまなざし：幼児期から児童期へ」《サラ・コンカス》

2005 年 3 月

「特別セミナー」《シルバーナ・モンタナーロ》

2005 年 11 月

「親になる準備のコース」《シルバーナ・モンタナーロ》

2007 年 6 月

「幼児期から児童期へ移行する子どもの教育」《ジャッキー・サングスター》

2008 年 3 月

「児童期におけるモンテッソーリ教育と一斉教育の違い ～人類学と脳神経科学の観点から～《ジャッキー・サングスター》

2008 年

5 月「家庭におけるモンテッソーリ教育」《シルバーナ・モンタナーロ》

7 月 「人格形成の過程について」《シルバーナ・モンタナーロ》

2008 年 5 月

「特別セミナー」《リリアン・ブライアン》

2008 年 7 月

「発達の第二段階の子供形成（6 ～ 12 歳）」《ジャッキー・サングスター》

2009 年 3 月

「毎日の生活の中での大人の役割」《リリアン・ブライアン》

「モンテソーリ環境における大人の役割」《リリアン・ブライアン》

2014 年 4 月

「幼児期から児童期に移行する子どもの教育」《リリアン・ブライアン》

2015 年 4 月

モンテッソーリ基本コース・応用コース《リリアン・ブライアン》

「モンテッソーリ教育研究会」活動の歩み

《　　　　　》は講師名

◇セミナー・研修会

2000年4月～2006年12月

6期にわたり乳児アシスタント・トレーニング《シルバーナ・モンタナーロ》

2002年8月

プリ・コース《リリアン・ブライアン》

2007年12月

プリ・コース《リリアン・ブライアン》

2008年5月

プリ・コース《リリアン・ブライアン》

2008年8月

リフレッシャー・コース《ニコール・マーチャック》

2009年1月

リフレッシャー・コース《ニコール・マーチャック》

2008年1月～2009年3月

7期 乳児アシスタント・トレーニング《パトリシア・ウォルナー》

2010年3月、5月

プリ・コース《リリアン・ブライアン》

2010年3月、5月

リフレッシャー・コース

2009年7月～2012年12月

小学校（国際モンテッソーリ）教員資格取得コース《バイバ・グラッチーニ》

2013年7月

アート・セミナー《フィリー・ルイス》

高根文雄（たかね　ふみお）

1934年3月生まれ。山梨大学卒業後、米国コロンビア大学留学。帰国後入学した上智社会福祉専門学校でモンテッソーリ教育に出会う。1961年3月、杉並区西荻窪に託児所を開設。1969年4月、東京都町田市に「たかね保育園」開設。1975年、「東京国際モンテッソーリ教師養成トレーニングセンター」にて、3～6歳の教師ディプロマ取得。1976年4月、東京都町田市に「たかね第二保育園」開設。

1981年、イタリア・ベルガモ「国際モンテッソーリトレーニングセンター」にて、6～12歳の教師ディプロマ取得。1991年、イタリア・ペルージャ「国際モンテッソーリ教師トレーニングコース」にて、パオリーニ先生のもと3～6歳の教師ディプロマを再取得。2000年4月、横浜市青葉区に学校法人高根学園「横浜・モンテッソーリ幼稚園」開園。2001年、「国際モンテッソーリ教師トレーニングコース」にて、モンタナーロ先生のもと0～3歳の教師ディプロマを取得。2008年4月、横浜市青葉区にフリースクールとして「マリア・モンテッソーリ・エレメンタリースクール」開校。

ＡＭＩ国際モンテッソーリ協会オランダ本部の要請を受け、AMI本部の日本代表理事に就任し、20年間その職を務めた。

2019年9月、逝去。

高根澄子（たかね　ふみこ）

高根学園理事長、高根福祉会理事長。

1934年12月生まれ。1961年3月、杉並区西荻窪に託児所を開設。1969年4月、東京都町田市に「たかね保育園」開設。1975年、「東京国際モンテッソーリ教師養成トレーニングセンター」にて、3～6歳の教師ディプロマ取得。1976年4月、東京都町田市に「たかね第二保育園」開設。

1991年、イタリア・ペルージャ「国際モンテッソーリ教師トレーニングコース」にて、パオリーニ先生のもと3～6歳の教師ディプロマを再取得。2000年4月、横浜市青葉区に学校法人高根学園「横浜・モンテッソーリ幼稚園」開園。2001年、「国際モンテッソーリ教師トレーニングコース」にて、モンタナーロ先生のもと0～3歳の教師ディプロマを取得。2008年4月、横浜市青葉区にフリースクールとして「マリア・モンテッソーリ・エレメンタリースクール」開校。2009年よりバイバー先生のもとで、6～12歳の教師トレーニングを受講。

構成　砂塚美穂
写真協力　孫　清
装画　金　清美(アトリエ・ハル)
装丁　三矢千穂

＊装画はイタリアのパオリーニ先生からいただいたマリア・モンテッソーリの写真をもとにしています。

いのちのちから
マリア・モンテッソーリがほんとうに伝えたかったこと

2023年9月7日　初版第1刷　発行

著　者　髙根文雄　髙根澄子

発行者　ゆいぽおと
〒461-0001
名古屋市東区泉一丁目15-23
電話　052(955)8046
ファクシミリ　052(955)8047
https://www.yuiport.co.jp/

発行所　KTC中央出版
〒111-0051
東京都台東区蔵前二丁目14-14

印刷・製本　モリモト印刷株式会社

内容に関するお問い合わせ、ご注文などは、すべて右記ゆいぽおとまでお願いします。
乱丁、落丁本はお取り替えいたします。

ISBN978-4-87758-560-0 C0037

ゆいぽおとでは、
ふつうの人が暮らしのなかで、
少し立ち止まって考えてみたくなることを大切にします。
テーマとなるのは、たとえば、いのち、自然、こども、歴史など。
長く読み継いでいってほしいこと、
いま残さなければ時代の谷間に消えていってしまうことを、
本というかたちをとおして読者に伝えていきます。